AF450857

CATALOGUE

DES LIVRES

DE M. M***

Dont la Vente se fera à l'amiable le 4 Décembre 1758 & jours suivans, depuis neuf heures du matin jusqu'au soir.

Les Prix seront marqués sur chaque Livre.

A PARIS,

Chez MERIGOT Pere & Fils, Libraires, Quai des Augustins, entre la rue Gît-le-Cœur & le Pont S. Michel.

M DCC LVIII.

*Les Articles in-fol. in-4°. in-8°. &
in-12. marqués d'une étoile à la fin,
font reliés en écailles avec des fillets
d'or.*

TABLE

Des Divisions de ce Catalogue.

CATALOGUE

CATALOGUE
DES LIVRES
DE M. M***.

THEOLOGIE.

1 **B**IBLIA sacra. *Oliva. Rob. Steph.*
  2 *vol. fol. v. b.*
2 Biblia Sacra. *Lugd.* 1743. in-4.
3 Ejusd. *Lugd.* 1743. 7 *vol. in-12.*
4 Liber Psal. cum cant. & ordine
  Missæ. *Parif.* 1737. *in* 16. *m. b.*
5 Novum Testamentum Græcè. *Parif. Rob. Steph.*
  1559. 2 *vol. in* 16. *m. r.*
6 Novum Testamentum. *Parif. De Laulne.* 1703.
  in 16. *m. r. l. r.*
7 La Sainte Bible, par le Maître de Sacy. *Mons.*
  1713. 2 *vol. in* 4.

On a inseré dans cet Exemplaire 150 *Figures gravées par les plus habiles Maîtres, avec une Explication historique en Angl. & en François.*

A

8 La Sainte Bible, par le Maître de Sacy. *Mons.* 1713. 2 *vol. in 4.*

9 La Sainte Bible de la Traduction de M. le Maitre de Sacy. *Paris.* 1742. *3 vol. in 12. m. b.*

10 La Sainte Bible, par Charles le Cene. *Amst.* 1741. 2 *vol. fol. v. m.*

11 Histoire du Vieux & du Nouveau Testament, par de Royaumont. *Brux.* 1727. *in 8. fig. v. b.*

12 Le Nouveau Testament de Notre-Seigneur Jesus-Christ, traduit en François selon la vulgate. *Mons.* 1678. 2 *vol. in 16. m. b.*

13 Le Nouveau Testament, par le R. P. Amelote. *Paris* 1719. 2 *vol. in 12. m. r. l. r.*

14 Le Nouveau Testament avec des Remarques, par Jean le Clerc. *Amst.* 1703. 2. *t. en 1 vol. 4.*

15 Bern. Lamy. De Tabernaculo Fœderis, &c. *Paris.* 1720. *fol.*

16 L'Année Chrétienne, par M. le Tourneux, *Paris.* 1741. 13 *vol. in 12. m. b.*

17 Breviarium Romanum, *Paris.* 1701. *4 vol in* 16. *Rubro nigrum. m. b.*

18 Heures Paroissiales. *Paris* 1726. 5 *v. in 12. m. b.*

19 L'Office du Matin & du Soir pour les Dimanches & Fêtes de l'année. *Paris* 1739. 2. *vol. in* 16. *m. b.*

20 Le Petit Paroissien, suivant le nouv. Bréviaire & Missel de Paris & de Rome. *Paris* 1745. *in* 16. *m. b.*

21 L'Usage & les Fins de la Prophétie, par Ab. le Moine. *Amst.* 1729. *in 8. v. m.*

22 Lettres de Saint Jerôme, trad. en Franç. avec des Remarques, par Dom Guillaume Roussel. *Paris* 1743. *4 vol. in 12. v. m.*

23 Religionis Naturalis & Revelatæ Principia Methodo Scholastica digesta, in usum Acade-

micæ Juventutis. *Parif.* 1756. 2 *vol. in* 8. *v. m.*

24 Tradition de l'Eglife Romaine, par M. Germain. *Colog.* 1687. *4 vol. in* 12. *vel.*

25 La Paix de Clément IX. *Chamb.* 1700. *in* 12.

26 De l'action de Dieu fur les Créatures ; par Laur. François Bourfier. *Paris,* 1713. 2 *tom. en* 1 *v.* 4. *v. b.*

27 Les Imaginaires & les Vifionnaires, par le fieur de Damvilliers. *Liége* 1667. 2 *vol. v. b.*

28 Lettres Théologiques, Ouvrage pofthume de M. l'Abbé Gaultier. 1756. *3 vol. in* 12. *v. b.*

29 Parallele de la Doctrine des Payens. *Amft.* 1726. *in* 12. *

30 Traité contre le Paganifme du Roi-boit, par D. T. Deflyons. *Paris* 1670. *in* 12. *v. b.*

31 Apologie du Banquet fanctifié de la veille des Rois, par M. Nic. Barthelemy. *Paris* 1664. *in* 12. *vel.*

32 Recueil de divers Traités touchant l'Euchariftie. *Rotterd.* 1713. 2 *vol. in* 12. *v. b.*

33 Apologie des Dominicains. *Colog.* 1699. *in* 12. *v. f.*

34 Les Provinciales, ou Lettres Ecrites par Louis de Montalte. *Colog.* 1689. *in* 12. *1 vol.*

34 * Le même, avec les Notes de Guill. Wendrock, trad. en François par Melle. de Joncourt. *Cologne(Hollande)* 1739. *4 vol.* 8. *v. m.*

35 Dictionnaire de Cas de Confcience, par M. T. Pontas. *Par.* 1715. 3 *vol. fol. gr. p. v. f.*

36 Conférences Eccléfiaftiques du Diocèfe d'Angers, par M. Babin. *Angers* 1746. 27 *vol. in* 12. *v. m.*

37 Catéchifme de Montp. par le P. Pouget. *Paris. Le Guerrier.* 1702. 5 *tom. en* 4 *vol. in* 12. *v. b.*

37 * Le même. 1731. 3 *vol. in* 12. *

A ij

38 Serm. de Maffillon. *Trev.* 1705. 4. *v. in* 12. *v. f.*

39 Sermons de M. La Collombiere. *Lyon* 1757. 6 *vol. in* 12. *v. m.*

40 Recueil de Sermons fur les Evangiles du Carême, & fur plufieurs autres Sujets. *Bruxelles.* 1706. 2 *vol. in* 12. *v. f.*

41 Sermons Choifis, ou Difcours de Piété & de Morale, recueillis d'un des plus célebres Prédicateurs, pour tous les jours de Carême. *Brux.* 1756. 8 *vol. in* 12. *v. m.*

42 Deux Sermons, l'un fur la Réformation du Pays de Vaud, & l'autre à l'occafion d'un Jeûne public, par Melch. du Frefne. *Laufanne.* 1737. *in* 8. *v. b.*

43 Lettres Myftiques touchant la Confpiration derniere, par M. D. L. F. *Leide* 1602. *in* 12.

44 Imitation de Jefus-Chrift, trad. nouv. avec les notes d'Horftius, par M. l'Abbé de Belle-garde. *Paris* 1725. 2 *vol. in* 16. *m. b.*

45 L'Invocation & l'Imitation des Saints, pour tous les jours de l'année, avec des fig. en taille-douce, gravées par le Clerc. *Par.* 1687. 3 *vol. in* 18. *v. m.*

46 Lettres de P. Nicole. *Lille* 1718. 2. *v. in* 12.

47 Œuvres Spirituelles de Fr. de Salignac de la Mothe-Fenelon. 1740. 4 *vol. in* 12. *v. b.*

48 Défenfe de la Religion, trad. de l'Anglois de M. Gilb. Burnet. *La Haye* 1738. 6 *v.* 8. *v. b.*

49 Le Myftere d'Infidélité commencé par Judas Ifcarioth, &c. par Pompée de Ribemont. *Châl.* 1614. *in* 8. *v. b.*

50 L'Impie convaincu, ou Differtation contre B. Spinofa. *Amft.* 1684. *in* 8. *vel.*

51 De l'Incrédulité, par M. le Clerc. *Amft.* 1714. *in* 8. *vel.*

52 Théologie Physique, par Guillaume Derham, trad. de l'Anglois par Jacq. Lufneu. *Par. 1732. in 8. v. b.*

53 Le Convertisseur sans Dragons. *Rott. 1688. in 16. m. r. l. r.*

54 Le Tombeau du Socinianisme. *Francf. 1687. in 12.*

55 De l'Existence de Dieu, par Sam. Clarck. trad. de l'Anglois par M. Ricotier. *Amst. 1717. 2 v. in 12. v. b.*

56 Les Entretiens des Voyageurs sur la Mer. *Colog. 1725. 4 vol. in 12. fig. v. b.*

57 Apologie des Jugemens rendus en France contre le Schisme. *1752. 3 vol. in 12. v. f.*

58 L'Alcoran de Mahomet, traduit par André Durier. *Amst. 1734. in 12. v. m.*

59 La Religion du Médecin, par Th. Brown. *1668. in 12. v. b.*

60 Discours sur la Liberté de Penser, trad. de l'Angl. *Lond. 1717. in 12. v. b.*

61 La Frip. Laïque des Prétendus Esprits-forts d'Anglet. ou Remarques de Phileleuthere de Leipsick, sur la Liberté de Penser, traduit de l'Anglois, par M. N. N. *Amst. 1738. 2 vol. in 12. v. m.*

62 Lettres de V... *Rouen 1734. in 12. v. b.*

62 * Réponse ou Critique des Lettres de V... par le R. P. D. P. B * * * *Basle 1735. in 12. v. b.*

63 Lettres sur la R.... *Amsterd. 1738. 2 tom. en 1 vol. in 12. v. m.*

64 Lettres sur les Vrais Principes de la Religion, où l'on examine un Livre intitulé, La Religion essentielle à l'Homme. *Amst. 1741. 2. vol. in 12. v. m.*

65 Réflexions Curieuses d'un Esprit désintéressé sur les Matieres les plus importantes au Salut, par B. S. . *Colog.* 1638. *in* 12. *m. v.*

65 * Le même, *in* 12. *v. f.*

66 Réfutation des Erreurs de Spinofa. *Bruxelle.* 1731. *in* 12. *v. m.*

67 Maniere de P... *Amft.* 1743. *in* 16. *

68 Jani Julii Eoganelii (Joan. Tolandi) Pantheïsticon, feu formula celebrandæ fodalitatis Socraticæ, in tres Partes divifa ; quæ Pantheïftarum feu fodalium continent mores & axiomata, numen & Philofophiam, Libertatem & non fallentem Legem neque fallendam ; accedunt diatriba de antiquis & novis eruditorum fodalitatibus, ut & de univerfo infinito & æterno, & Differtatiuncula de duplici Pantheïftarum philofophia fequenda, ac de Viri optimi & ornatiffimi idea. *Cofmop.* (*Lond.*) 1720. *in* 8. *m. r.*

JURISPRUDENCE.

69 Epiftolæ Rom. Pontificum, & quæ ad eos fcriptæ funt à S. Clemente ad Innocentium III. ftudio Pet. Couftant. *Parif.* 1721. *fol.* Tom. 1. *ab anno* 440. *v. b.*

70 Innocentii III. Epiftolæ, edente Steph. Baluzio. *Parif.* 1682. 2 *vol. fol. v. b.*

71 Traité de l'autorité du Pape. *La Haye.* 1720. 4 *tom. en* 3 *vol. in-*12. *

72 Taxe de la Chancellerie. 1744. *in-*12. *

73 Hipparque du Religieux Marchand, par René de la Vallée. 1645. *in-*8. *vel.*

73 * La Monarchie des Solipſes de Melchior Inchofer. *Amſt.* 1743. *in-12. v. m.*

74 Regulæ Societatis Jeſu. *Lugd.* 1607. *in-12. v. b.*

75 Jubileum ſive ſpeculum J. . . . . anno 1643. *in-16. vel.*

76 Traité de Morale. *Mons.* 1669. 3 *vol. in-12. v. b.*

77 Apologie pour la doctrine des Jéſuites. *Liege.* 1703. *in-12. v. b.*

78 La Morale. 1683. 8 *vol. in-12.*

79 Recueil de Pieces. 1582. *in-12. v. b.*

79 * *Idem.* 1675. *in-12. vel.*

80 Factum pour les Religieuſes de Sainte-Catherine-les Provins. *Doregnal.* 1679. *in-12.*

80 * Toilette de M. l'Archevêque de Sens, ou Réponſe au Factum des Filles de Sainte-Catherine les-Provins. 1669. *in 12. v. f.*

81 Hiſtoire du Droit public Eccléſiaſtique Franç. par M. D. B. *Lond.* 2 *vol. in-4. v. m. double.* 2 *vol. in-12. br.*

82 Les Pouvoirs légitimes du premier & du Second Ordre. *En France.* 1744. *in-4. v. m.*

83 Traité du pouvoir de l'Egliſe & des Princes ſur les empêchemens du mariage, par Abr. Gerbais. *Paris.* 1690. *in-4. v. b.*

84 L'Eſprit des Loix, par M. de Monteſquieu. *Geneve.* 1749. 2 *vol. in-4. v. m.*

84 * Le même. *Paris.* 1751. 3 *vol. in-12. v. m.*

85 L'Ambaſſadeur & ſes fonctions , par Abr. Wicquefort. *Colog.* 1690. 2 *vol. in-4. v. b.*

86 Hiſtoire des Traités de Paix & autres Négociations du XVIIe ſiécle , depuis la Paix de Vervins juſqu'à la Paix de Nimegue, par J. Dumont. *Amſt.* 1725. 2 *vol. fol. v. b.*

87 Histoire des Guerres & des Négociations qui précéderent le Traité de Westphalie, par le P. Bougeant. *Paris.* 1727. 2 *vol. in*-12. *v. b.*

88 Lettres, Mémoires & Négociations de M. le Comte d'Estrade. *Lond.* (*Hollande*) 1743. 10 *vol. in*-12. *v. m.*

89 Ant. Perezii Codicis Justiniani. *Amst. Elzev.* 1671. 2 *vol. in*-4. *v. b.*

90 Code de la Voyerie. *Paris.* 1753 2 *vol. in*-12.

91 Conférences des Ordonnances de Louis XIV. par Ph. Bornier. *Paris.* 1755. 2 *vol. in*-4. *v. m.*

92 Ordonnances du Roi concernant l'Infanterie Françoise, avec des Remarques; par M. de Rochefort. *Lauf.* 1746. 2 *tom. en* 1 *vol. in* 12.

93 La Coutume de Paris, par M. Cl. de Ferriere. *Paris.* 1692. 3 *vol. in-fol. v. b.*

94 Nouveau Commentaire sur la Coutume de Paris, par M. Cl. de Ferriere. *Paris.* 1708. 2 *vol. in* 12.

94 * Le même. 1751. 2 *vol. in* 12. *v. m.*

95 Les Œuvres de Me Jean Bacquet, augmentées par Ferriere. *Lyon.* 1744. 2 *vol. fol. v. m.*

96 Dictionnaire de Droit & de Pratique, par M. de Ferriere. *Paris* 1755. 2 *vol. in*-4. *v. m.*

97 Traités des Monnoyes, par M. Poullain. *Paris.* 1709. *in*-12. *m. r.*

SCIENCES ET ARTS.

PHILOSOPHIE.

98 Hiſtoire Critique de la Philoſophie Payenne, par M. Deſlandes. *Amſt.* 1756. 4 *vol. in-12.* *.

99 La Philoſophie applicable à tous les objets de l'eſprit & de la raiſon, par M. l'Abbé Terraſ-ſon. *Paris.* 1754. *in-12.* *.

100 Philoſophia ad uſum Scholæ accommodata, Auctore M. Guill. Dagoumer. *Lugd.* 1757. 6 *vol. in-12. v. b.*

101 Œuvres de Platon trad. en Franç. avec des Remarques, par M. Dacier. *Paris.* 1701. 2 *vol. in-12. v. m.*

102 La Vie de Socrate, par M. Charpentier. *Amſt.* 1699. *in-12. v. b.*

103 L. Annæi Senecæ Philoſophi Opera, omnia ex emend. Lipſii & J. F. Gronovii. *Amſterd. Elzev.* 1659. 4 *vol. in-12. v. b.*

104 Recueil de diverſes Pieces ſur la Philoſo-phie, la Religion naturelle, l'Hiſtoire, les Mathématiques, &c. par Mrs Leibnitz, Clar-ke, Newton & autres. *Amſt.* 1720. 2 *vol. in-12.*

105 Grammaire des Sciences Philoſophiques, ou Analyſe abregée de la Philoſophe. Trad. de l'Angl. de Benj. Martin. *Paris.* 1749. *in* 12. *.

106 Dictionnaire Philoſophique portatif, o⟨u⟩ In-trod. à la connoiſſance de l'homme. *Lyon.* 1756. *in-8. v. m.*

Traités de Morale, des Vertus & des Vices.

107 Reflexions morales de l'Empereur Marc

Antonin, avec des Remarques. *Paris*. 1691.
2 *vol. in-12. v. f.*

108 De la Sageffe, par Pierre Charron. *Amft.
Elzev.* 1662. *in-12. m. r.*

109 Reflexions, Sentences & Maximes morales,
avec des notes ; par Amelot de la Houffaye.
Paris. 1743. *in-12. v. b.*

110 Les Caracteres de Théophrafte, par M. de
la Bruyere, avec la clef en marge. *Paris.* 1697.
2 *vol. in-12. v. b. double.*

111 Les Caracteres, par Madame de Puifieux.
Lond. 1750. *in-12. *.*

111 Le Spectateur, ou le Socrate moderne, par
Rich. Steele & autres, Traduct. *Paris.* 1755.
vol. in-4. v. m.

112 * Le même. 1755. 9 *vol. in-12. v. m.*

113 Bibliotheque des Dames, écrite par une Da-
me, & publiée par M. le Chevalier R. Stecle.
Amft. 1727. 3 *vol. in-12. v. f.*

114 Traité de l'Amitié, par M. de Sacy. *Paris.*
1722. *in 12. *.*

115 Traité de la Gloire, par le même ; avec une
Differtation de M. du Rondet. *La Haye.* (*Paris*)
1745. *in-12. *

Œconomie & Politique.

116 De l'éducation des Enfans, trad. de l'Angl. de
M. Locke ; par Cofte. *Lauzanne.* 1746. 2 *vol.*

117 Inftitution d'un Prince, par J. Jof. M. Duguet.
Lond. 1739. *in-4. v. b.*

118. Le Philofophe Chrétien, par M. Formey.
Leyde. 1755. 3 *vol. in-12. v. m.*

119 Philofophie morale réduite à fes principes,
ou Effais de M. S * * *. fur le mérite & la vertu.

Venife. (*Paris*) 1751. *in-*12. *

120 Politique tirée de l'Ecriture Sainte, Ouvrage pofthume de M. J. B. Boffuet. *Paris.* 1709. *in* 4.

121 Œuvres de Machiavel. *La Haye.* 1743. *in-*12. 6 *vol. v. b.*

122 Tibere, Difcours politique fur Tacite, du fieur de la Mothe-Joffeval d'Aronfel. *Amft.* 1683. *in-*4. *v. b.*

122* Teftament Politique du Cardinal Alberoni. *Paris.* 1753. *in* 12. *

123 Dictionnaire univerfel du Commerce, par J. Savary. *Paris-* 1723. 2 *vol. fol. v. b.*

124 Remarques fur les avantages & les defavantages de la France & de la Grande-Bretagne par rapport au Commerce, trad. de l'Anglois du Chev. John. Nickolls. *Leyde.* (*Paris.*) 1754. *in-*12. *

Métaphyfique.

125 De la Recherche de la Vérité, par N. Malebranche. *Par.* 1721. 2 *tom. en* 1 *vol. in-*4. *v. b.*

125* Le même. *Paris.* 1749. 4 *vol. in-*12. *v. m.*

126 La Philofophie du bon fens, par le Marquis d'Argens. *La Haye.* (*Paris*) 1755. 3 *v. in* 12. *.

127 Effais Philofophiques concernant l'entendement humain, par M. Locke; trad. de l'Angl. par M. Cofte. *Amft.* (*Paris*) 1751. 4 *vol. in-*12.

128 Abregé de l'Effai de M. Locke fur l'entendement humain, trad. de l'Angl. par M. Boffet. *Lond.* 1741. *in-*12.

129 Effais fur l'Homme, par M. Pope; trad. de l'Angl. en Franç. *Lond.* 1736. *in-*12. *

130 La Fable des Abeilles, ou les Fripons devenus honnêtes gens, trad. de l'Angl. *Londres.* 1740. 4 *tom. en* 3 *vol. in-*12. *v. b.*

131 Nouveau fyftême de Philofophie, auquel on a joint un Traité de la nature de l'ame & de l'exiftence de Dieu. *Paris.* 1728. 2 *vol. in*-12.

132 Hiftoire naturelle de L. . . . trad. de l'Angl. de M. Charp. Par M. H***. *La Haye.* 1745. *in* 8.

133 La Métaphyfique, qui contient l'Ontologie, la Théologie naturelle, & la Pneumatologie. *Paris.* 1753 *in*-12. *v. m.*

134 Venus, Phyfique. 1751. *in*-12. *.

135 Penf. P. *La Haye.* 1745. *in*-12. *v. m.*

136 Œuvres Philofophiques, de M. D. L. M. *Londres.* 1751. *in* 4. *v. m. d. fur tr.*

137 Penfées diverfes à l'occafion de la Comete qui a paru au mois de Décembre 1680. par P. Bayle. *Rott.* 1721. 4 *vol. in*-12. *v. f.*

Traité des Efprits & de leurs opérations.

138 L'Incrédulité & mefcréance du Sortilege, par P. de l'Ancre. *Paris.* 1722. *in*-4.

139 Le monde enchanté, par Balthazard Bekker. *Amft.* 1694. 4 *vol. in*-12. *vel. doub. v. m.*

140 Traité hiftorique des Dieux & des Démons du Paganifme, avec des Remarques critiques fur le fyftême de M. Bekker ; par Benjamin Binet. *Delff.* 1696. *in*-12. *v. b.*

141 Henri Corneille Agrippa. Sur la nobleffe & excellence du fexe féminin, de fa prééminence fur l'autre fexe, & du Sacrement du Mariage ; avec le Traité fur l'incertitude auffi bien que de la vanité des Sciences & des Arts. Ouvrage joli, & d'une lecture toute à fait agréable. Trad. par P. de Gueudeville. *Leide.* 1726. 3 *vol. in*-12. *v. f.*

142 Hiftoire des Diables de Loudun. *Amfterd.* 1716. *in*-12. *v. b.*

143 La Magie naturelle, ou Mêlange divertiſſant, contenant des ſecrets merveilleux & de tours plaiſans. *Amſt.* 1715. *in-*12. *v. f.*

144 Hiſtoire de Jean Fauſte, grand & horrible Enchanteur, avec ſa mort épouvantable. *Rouen.* 1667. *in-*12. *vel.*

Phyſique.

145 L'Origine ancienne de Phyſique Nouvelle, par le P. Regnault. *Par.* 1734. 3 *vol. in* 12.

146 Expériences de Phyſique, par M. Poliniere. *Par.* 1734. 2 *vol. in* 12. *v. m.*

147 Leçons de Phyſique, par J. Privat de Molieres. *Par.* 1734. 3 *vol. in* 12. *v. b.*

148 Leçons de Phyſique Experimentale, par M. l'Ab. Nollet. *Par.* 1743. 4 *vol. in* 12. *fig. v. m.*

149 Le même. 1745. 4 *vol. in* 12. *fig.* *

150 Eſſay ſur l'Electricité des Corps, par M. l'Ab. Nollet. *Par.* 1754. *in* 12. *

151 Recherches ſur les Cauſes Particulieres des Phénomenes Electriques par M. l'Abbé Nollet. *Par.* 1754. *in* 12. *

152 Lettres ſur l'Electricité, par le même. *Par.* 1753. *in* 12. *

153 Expériences & Obſervations ſur l'Electricité, par Benjam. Franklin. *Par.* 1752. *in* 12. *

Hiſtoire Naturelle.

153 * Hiſt. du Monde de C. Pline, Traduct. d'Ant. du Pinet. *Lyon.* 1566. 2 *vol. in fol. m. r.*

154 Le Spectacle de la Nature, par M. N. Pluche. *Paris* 1735. 4 *vol. in* 12. *fig. v. b.*

155 Lettres à un Amériquain ſur l'Hiſtoire Naturelle, Générale & Particuliere de M. de Buffon. *Hamb.* 1751. 5 *vol. in* 12. *

156 Anſ. Boetii de Boot Hiſtoria Gemmarum & Lapidum cum comm. ad Tollii.... Joan. de Laet de Gemmis & Lapidibus Libri duo. *Lugd. Bat.* 1747. *in 8. v. b.*

157 Dictionnaire Œconomique, par M. Noël Chomel. *Paris* 1740. 4 *vol. in fol. v. m. doub.*

158 Inſtruction pour les Jardins Fruitiers & Potagers, par M. J. de la Quintinie. *Par.* 1697. *in 4.* 2 *vol. fig. v. b.*

159 La Théorie & Pratique du Jardinage, par Dezallier d'Argenville. *Paris* 1732. *in 4. fig.*

160 Commentaires de M. Pierre Matthiole, mis en Franç. ſur la dern. Edit. Latine, par M. Jean des Moulins : les Plantes ſont enluminées au naturel. *Lyon.* 1578. *in fol. v. b.*

161 Joſ. Pitton Tournefort Inſtitutiones rei Herbariæ. *Pariſ. è Typ. Reg.* 1700. 3 *vol. in 4. v. b.*

162 Elémens de Botanique, ou Méthode pour connoître les Plantes, par le même. *Par. Imp. Royale* 1694. 3 *vol. in 8. fig.*

163 Botanicon Pariſienſe, ou Dénombrement par Ordre Alphabetique, des Plantes qui ſe trouvent aux environs de Paris, par Sebaſtien Vaillant, enrichi de plus de 300 fig. deſſinées par Cl. Aubriet. *Leide & Amſt.* 1727. *in fol. gr. pap. en blanc.*

164 Hiſtoire Naturelle des Oyſeaux, ornée de 306 Eſtampes, gravées par Eleazar Albin, avec des Notes, par W. Derham. *La Haye.* 1750. 3 *vol. in 4.* *

165 Henr. Ruyſch, Theatrum Univerſ. omnium Animalium, Piſcium, Avium, Quadrupedum, Exanguium, Aquaticorum, Inſectorum & Anguium. CCLX. Tabulis ornatum. *Amſt.* 1718. 2 *vol. fol. fig. v. b.*

166 Mémoires pour servir à l'Histoire des In-
sectes, par M. R. Ant. de Reaumur. *Paris.* 1734
& suiv. 6 *vol. in* 4. *fig.* *

Médecine, Chirurgie, Pharmacie, &c.

167 Tableau de l'Amour Conjugal, par Nic. Ve-
nette. *Paris.* 1751. 2 *vol. in* 12. *fig. v. m.*
168 L'Art de Conserver la Santé des Personnes
Valétudinaires, trad. du Lat. de M. Georg.
Cheyne. *Par.* 1755. *in* 12. *
169 Aphorisme de M. Herman Boerhaave. *Par.*
1745. *in* 12. *
170 Amilec. 1753. *in* 12.
171 Anatomie du Corps Humain, établie sur les
Découvertes des Anatomistes Modernes. *Leide*
1755. 2 *vol. in* 4. *fig. v. m.*
172 Traité des Maladies des Femmes Grosses,
par M. Fr. Mauriceau. *Par.* 1740. 2 *vol* 4. *v. m.*
173 Histoire Générale des Drogues, par Pierre
Pomet, avec les Plantes enluminées au naturel.
Par. 1694. *in fol.*
174 Dictionnaire des Drogues simples, par Nic.
Lemery. *Amst.* 1716. *in* 4. *v. b.*
174 * Dictionnaire Universel des Drogues simp.
par le même. *Par.* 1733. *in* 4. *fig.* *
175 Pharmacopée Universelle, par le même.
Paris. 1738. *in* 4. *
176 Dictionnaire Botanique & Pharmaceutique.
Par. 1748. *in* 8. *v. m.*
177 Empirie & Secrets du S. Alexis Piémontois.
Lyon. 1564. 2 *vol. in* 18.
178 Raymondi Lullii Opera. *Argent.* 1651. *in* 8.
179 Le Comte de Gabalis, ou Entretiens sur les
Sciences Secretes. *Amst.* 1705. 2 *vol. in* 12. *v. f.*

Mathématiques.

180 Elémens de Mathématiques, de Varignon. *Amst.* 1734. *in* 4. *v. m.*

181 Abregé des Elémens de Mathématiques, par M. Rivard. *Par.* 1757. *in* 8. *v. m.*

182 Œuvres d'Edme Mariotte. *La Haye.* 1740. 2 *vol. in* 4. *v. m.*

183 Mémoires sur Différens Sujets de Mathématiques, par M. Didrot. *Par.* 1748. *in* 8. *v. m.*

184 Dictionnaire Mathématique, par M. J. Ozanam. *Par.* 1691. *in* 4. *v. b.*

185 Traité de la Construction & des Principaux Usages des Instrumens de Mathématique, par M. N. Bion. *Par.* 1725. *in* 4. *fig. v. b.*

186 Œuvres de M. de Maupertuis. *Lyon.* 1756. 4 *vol. in* 8. *v. m.*

187 Lettres sur le Progrès des Sciences, par le même. *Paris* 1752. *in* 12. *

188 Dictionnaire de Marine. *Amst.* 1702. *in* 4. *fig. v. b.*

189 Curiosités inouies sur la Sculpture Talismanique des Personnes, &c. par Gaffarel. *Paris.* 1629. *in* 8. *

190 Les Vraies Centuries & Prophéties de Michel Nostradamus, avec la Vie de l'Auteur. *Colog.* 1689. *in* 12. *v. b.*

Arts. Traités généraux concernant les Arts & Metiers.

191 Encyclopédie, ou Dictionnaire raisonné des Sciences, des Arts & des Metiers; par Mrs Diderot & d'Alembert. *Paris.* 1751. 6 *vol.*

vol. in - fol. avec la Souscription. *v. m.*

192 L'Art de la Peinture, de Ch. Alph. du Fres-
noy. *Paris.* 1684. *in* 12. *v. m.*

193 Cours de Peintures par principes, composé
par M. R. de Piles. *Paris.* 1708. *in-*12. *fig.*

194 Traité de la Peinture & de la Sculpture,
par Richardson pere & fils. *Amst.* 1728. 3 *vol.*
*in-*8. *v. m.*

195 Nouveau Système de l'Univers, sous le titre
de Chroa-Genesie, ou génération des couleurs.
Par M. Gautier. *Paris.* 1750. 2 *vol. v. m.*

196 Architecture de Palladio, avec des notes
de D. Inigo Jones. *La Haye.* 1720. *in-fol. fig.*
gr. p. v. f.

197 Architecture de M. le Pautre. *Paris. in-fol.*
fig. v. m.

198 Principes de l'Architecture, de la Sculpture
& de la Peinture ; avec un Dictionnaire des
termes propres à chacun de ces Arts. Par M.
Felibien. *Paris.* 1697. *in-*4. *fig. v. m.*

199 Cabinet des singularités d'Architecture,
Peinture, Sculpture & Gravûre. Par Fl. le
Comte. *Paris.* 1699. 3 *vol. in* 12. *v. b.*

200 Les Ruses de Guerre de Polyen, avec les
Stratagêmes de Frontin. *Paris.* 1739. 2 *vol. in-*
12. *v. b.*

201 La Science Militaire ; par M. Bardet de Vil-
leneuve. *La Haye.* 1740. 5 *tom. en* 4 *vol. en-*8.
fig. v. b.

202 La connoissance parfaite des Chevaux. *Paris.*
1730. *in* 8. *fig.*

203 Le Manuel du Cavalier ; trad. de l'Angl. du
Capitaine Burdon. *Paris.* 1737. *in-*12.

204 L'Art de la Verrerie. Par M. Haudicquer de
Blancourt. *Paris.* 1697. *in-*12. *fig.*

205 Nobilità *di* Dame del Sr Fabritio Caroso da Sermoneta. *Venet.* 1605. *in-4. fig. v. f.*

206 Académie univerfelle des Jeux. *Paris.* 1730. *in-12. v. b.*

BELLES-LETTRES,

Grammaires & Dictionnaires.

207 Sancti Pagnini Thefaurus Linguæ Sanctæ, feu Lexicon Hebraïcum, ex recognit. J. Merceri. *Genevæ.* 1614. *in fol.*

208 Dictionnaire étymologique de la Langue Françoife par M. Menage. *Paris.* 1750. 2. *vol. in fol.* *

209 Dictionnaire univerfel, François & Latin, (vulgairement appellé le Dictionnaire de Trevoux.) *Paris.* 1752. 7. *vol. in fol.* *

210 Remarques fur la Langue Françoife, par le P. Bouhours. *Paris.* 1746. 2. *vol. in* 12.

211 Projet pour perfectionner l'ortographe des Langues d'Europe par M. l'Abbé de S. Pierre. *Paris.* 1730. *in* 8. *

212 Dictionnaire de la Langue Françoife par Pierre Richelet. *Amft.* 1732. 2. *vol. in* 4. *en blanc.*

213 Dictionnaire portatif de Langue Françoife par Pierre Richelet. *Lyon* 1756. *in* 8. *v. m.*

214 Dictionnaire de la Langue Françoife ancienne & moderne de Pierre Richelet, nouv. édit. augmenté d'un grand nombre d'Articles. *Lyon.* 1758. 3 *vol. in fol. v. m. doub. en blanc.*

215 Dictionnaire univerfel contenant les mots

François tant vieux que modernes, & les termes de toutes les Sciences & Arts, par Ant. Furetiere. *La Haye.* 1690. 3 *vol. in* 4. *v b.*

216 Cours de Belles-Lettres par M. le Batteux. *Paris.* 1747. 4 *vol. in* 12. *v. m.*

217 Synonimes François par l'Abbé Girard. *Paris.* 1736. *in* 12. *v. b.*

218 Essai de Rhétorique Françoise à l'usage des jeunes Demoiselles. *Paris.* 1746. *in* 12. *v. m.*

219 Vocabulaire universel Latin-François, François-Latin. *Paris.* 1754. *in* 8. *v. m.*

220 Dictionnaire nouveau des Langues Françoise & Espagnole, par Fr. Sobrino. *Brux.* 1744. 2 *vol. in* 4. *v. m.*

221 Dictionnaire François-Anglois & Anglois-François, par M. Boyer. *Lyon.* 1756. 2 *vol. in* 4. *v. m.*

222 Dictionnaire Flamand & François, François & Flamand, par Halma. *Amst.* 1733. 2 *vol. in* 4.

223 Panégyrique de Trajan par Pline le jeune, traduit par M. de Sacy. *Paris.* 1722. *in* 12. *

Poëtes Grecs.

224 La Poëtique d'Aristote trad. en franç. avec des Remarq. *Paris.* 1692. *in* 4. *v. b.*

225 L'Iliade & l'Odissée d'Homere avec des Remarques par Mad. Dacier, enrichies de figures par Picart le Romain. *Amst.* 1731. 7 *vol. in* 12. *v. f.*

226 Les Poësies d'Anacreon & de Sapho, trad. en franç. par Mad. Dacier. *Amst.* 1716. *in* 8. *v. m.*

227 Le Théâtre des Grecs par le R. P. Brumoy

de la Compaguie de Jesus. *Paris.* 1749. 6 *vol.*
in 1 2. *

Poëtes Latins.

228 Pub. Terentii Afri Comediæ fex ad optimo-
rum exemplarium fidem recenfitæ. *Lut. Parif.*
1753. 2 *vol. in* 1 2. *fig. m. r. pap. d'Holl.*

228 * Iidem 1753. 2 *vol. in* 1 2. *fig. v. m.*

229 Les Comédies de Terence avec la Traduc-
tion & les Remarques de Mad. Dacier. *Amft.*
1747. 3 *vol. in* 1 2. *fig. v. m.*

230 Les œuvres de Lucrece trad. en franç. avec
des Remarques, par le Baron de Coutures,
avec l'original Latin, & la vie de Lucrece.
Paris. 1692. 2 *vol. in* 1 2. *v. m.*

231 Les Poéfies d'Horace par le R. P. Sanadon.
Paris. 1728. 2 *vol. in* 4. *g. p. v. m.*

232 Les œuvres d'Ovide de la traduction de M.
de Matignac. *Lyon,* 1697. 9 *vol. in* 1 2. *v. b.*

233 Metamorphofes d'Ovides en rondeaux enri-
chis de figures, gravées par le Clerc & autres
habiles Maîtres. *Paris. Imprim. Royale.* 1676.
in 4,

234 Pervigilium Veneris, cum notis variorum.
Hagæ Com. 1712. *in* 8. *v. m.*

235 Antonius de Arena, Provincialis, de Bra-
gardiffima villa de Soleriis, ad fuos compa-
gnones, qui funt de perfona friantes, Baffas
danfas, & branlos practicantes, nouvellos per
quam plurimos mandat. *Londini.* 1758. *in* 12. *

236 Mich. Hofpitalii Galliarum Cancellarii Car-
mina. *Amftel.* 1732. *in* 8. *v. m.*

237 Phædri Fabulæ. *Parif. Couftelier.* 1742. *in*
12. *v. m.*

238 L'Anti-Lucrece, Poëme fur la Religion na-

turelle, composé par M. le Cardinal de Polignac, trad. par M. de Bougainville. *Paris*. 1749. 2 *vol. in* 8. *

239 Opus Merlini Cocaii (Th. Folengii) Macaronicorum. *Venet.* 1513. *in* 12.

240 Histoire Maccaronique de Merlin Coccaie, Prototype de Rablais, avec l'horrible bataille des mouches & des fourmis. 1734. 2. *vol. in* 12. *v. f.*

241 Jac. Vanierii Prædium Rusticum. *Paris.* 1756. *in* 12. *fig. v. b.*

Poëtes François.

242 Les œuvres de François Villon, revûes & remises en leur entier par Cl. Marot. *Paris. Galiot du Pré.* 1533. *in* 18. *v. f.*

243. Œuvres de Clement Marot, *La Haye.* 1714. 2 *vol. in* 12. *v. b.*

243 * Les mêmes. *La Haye.* 1731. 6 *vol. in* 12. *v. b.*

244 Œuvres de Regnier. *Lond. (Paris.)* 1746. 2 *vol. in* 12. *

245 Satyres & autres œuvres de Regnier avec des cadres rouges, & des vignettes gravées par Cochin, Cars, & autres. *Londres.* 1734. *in* 4. *Imp. sur Papier d'Hollande. G. P. en blanc.*

246 Poësies de Malherbe. *Paris.* 1757. *in* 8. *

247 Œuvres de Nic. Boileau Despreaux, avec des éclaircissemens donnés par lui-même, enrichies de figures gravées par Picart. *La Haye.* 1718. 2 *vol. in fol. G. P. en blanc.*

247 * Les mêmes, enrichies de figures gravées par B. Picart. *La Haye.* 1722. 4 *vol. in* 12. *v. b.*

248 Fables nouvelles par M. de la Motte , enrichies de figures deffinées par Coypel & autres habiles Maîtres , & gravées par Tardieu, Cochin & autres. *Paris.* 1719. *in* 4. *v. b*

249 Recueil de Poëfies diverfes par le R. P. du Cerceau *Paris.* 1742. 2 *vol. in* 12. *v. m.*

250 Œuvres diverfes de M. Rouffeau. *Amfterd.* 1729. 3 *vol. in* 12. *v. f.*

250 * Anti-Rouffeau par le Poëte fans fard. *Rotterd.* 1712. *in* 12. *v. b.*

251 Œuvres de M. Rouffeau. *Amft.* 1734. 5. *vol. in* 12. *v. m.*

251 * Les mêmes , *Lond.* (*Paris.*) 1753. 4 *vol. in*-12. *v. m.*

252 Pieces dérobées à un ami , par M. l'Abbé d'Atagnan. *Amft.* (*Paris.*) 1750. 2 *vol. in* 12. *

253 La Henriade traveftie en vers burlefques , par M. de Monbrun. *Berlin.* 1745. *in* 12. *v. f.*

254 Recueil A. *Fontenoy.* 1745. *in* 12. *v. f.*

255 Le Cabinet ou Recueil de Vers des fieurs de Sigognes , Regnier , Motin , Berthelot, Maynard , & autres des plus fignalés Poëtes. *Au Mont Parnaffe.* 2 *tom. en* 1 *vol. in* 8. *v. b.*

256. Le Parnaffe de Theophile. 1627. *in* 12. *vel.*

256 * La Chronique fcandaleufe, ou Paris ridicule. *in* 4. *mff.* *

257 La Pipe caffée... Le Pot de chambre caffé. *in* 8. *

258 Dubbii Amorofi Altri dubbii e Sonetti Luffuriori di Pietro Aretino. *Nella Stamperio del fornô. in* 18. *pap. d'Holl. v. m.*

259 Le Paradis perdu de Milton, trad. de l'Angl. avec des Remarques de M. Addiffon. *Paris.* 1743. 3 *vol. in* 12.

259 * Le même 1753. 4 *vol. in* 12. *v. m.*

Poëtes Dramatiques.

260 Dictionnaire des Théâtres de Paris, contenant toutes les Pieces qui ont été représentées jusqu'à préfent fur les différens Théâtres. *Paris.* 1756. 7 *vol. in* 12. *

261 Hiftoire du Théâtre François depuis fon origine jufqu'à préfent, par M. Parfait. *Paris.* 1745. 15 *vol. in* 12. *

261 * Œuvres de P. & T. Corneille. *Paris.* 1748. 11 *vol. in-*12.

262 Le Théâtre de Quinault. *Paris.* 1739. 5 *vol. in* 12. *

263 Oeuvres de M. Ph. Poiffon. *Paris.* 1743. 2 *vol. in* 12. *

264 Théâtre de Bourfault. *Paris.* 1746. 3 *vol. in* 12. *

265 Théâtre de Montfleury pere & fils. *Paris.* 1739. *in* 12. 3. *vol. v. b.*

266 Oeuvres de M. Racine. *Paris.* 1755. 3 *vol. in* 12. *v. m.*

267 Théâtre de M. le Grand. *Paris.* 1742. 4 *vol. in* 12. *v. b.*

268 Les œuvres de M. de Champmeflé. *Paris.* 2 *vol in* 12. *

269 Œuvres de Théâtre de M. Delaunay. *Paris.* 1741. *in* 12. *

270 Oeuvres de M. Pradon. *Paris.* 1746. 2. *vol. in* 12. *

271 Théâtre de la Font. *Paris.* 1746. *in* 12. *

272 Théâtre de la Thuillerie. *Amfterd.* (*Paris.*) 1745. *in* 12. *

273 Oeuvres de M. Dancour. *Paris.* 1729. 8 *vol. in* 12. *fig. v. b.*

274 Oeuvres de M. Autreau. *Paris.* 1749. 4 *vol. in* 12. *

275 Oeuvres de M. Campiſtron. *Paris.* 1750. 3 *vol. in* 1 2. *

276 Recueil des Pieces miſes au Théâtre Fran-çois par M. le Sage. *Paris.* 1739. 2 *vol. in*12. *

277 Théâtre de M. Baron. *Paris.* 1742. 2. *vol. in* 1 2. *

278 Oeuvres de Théâtre de M: de Bruys. *Paris.* 1735. 3 *vol. in* 1 2. *v. m.*

279 Oeuvres de Palaprat. *Paris.* 1735. *in* 12. *v. m.*

280 Les œuvres de la Foſſe. *Paris.* 1747. 2 *vol. in* 12. *

281 Théâtre de M. de la Grange. *Paris.* 1758. *in* 1 2. *

282 Oeuvres de M. la Grange-Chancel. *Paris.* 1742. 3 *vol. in* 12. *

283 Oeuvres de Théâtre de M. Deſtouches. *Pa-ris.* 1745. 5 *tom. en* 6 *vol. in* 12. *

284 Oeuvres de M. Houdar de la Mothe. *Paris.* 1754. 10 *tom. en* 11 *vol. v. f.*

285 Théâtre de Mademoiſelle Barbier. *Paris.* 1745. *in* 1 2. *

286 Théâtre de M. Laffichard. *Paris.* 1746. *in* 8. *v. m.*

287 Oeuvres de M. Boindin. *Paris.* 1753. 2 *vol. in* 1 2. *

288 Théâtre de M. Guyot de Merville. *Paris.* 1742. *in* 8. *.

289 Choix de différentes Pieces nouvelles repré-ſentées aux Théâtres. *Paris.* 1751. 5 *vol. in* 12. *

290 Nouveau Théâtre François. *Paris.* 1740. 6. *vol. in* 8. *

291 Théâtre de M. Peſſelier. *Paris.* 1740. *in* 8. *

292 Oeuvres de Théâtre de M. . . . . *Paris.* 1753. *in* 1 2. *   293

293 Théâtre François, ou Recueil des meilleures Pieces de Théâtre. *Paris* 1737. 12 *vol. in* 12. *

294 Oeuvres de Théâtre de M. de Saint-Foix. *Paris.* 1748. 2. *vol. in* 12. * *doub. v. m.*

295 Théâtre de M. Aviffe, contenant fes comédies. *Paris.* 1758. *in* 8. *

296 Le Triumvirat, ou la mort de Ciceron, Tragédie par M. de Crebillon. *Paris.* 1755. *in* 12. *

297 Le Théâtre Italien de Gherardi. *Paris.* 1700. 6 *vol. in* 12. *fig.*

298 Nouveau Théâtre Italien avec la traduction Françoife à côté, par L. Riccoboni. *Paris.* 1733. 3. *vol. in* 12. *

299 Le nouveau Théâtre Italien. *Paris.* 1733. 9 *vol. in* 12. *v. b.*

300 Les Parodies du nouveau Théâtre Italien, avec les airs gravés. *Paris.* 1738. 4 *vol. in* 12. *

301 Recueil général des Opera. *Paris.* 1703. 16 *vol. in* 12. *

302 Théât. de M. Danchet. *Par.* 1751. 4 *vol.* 8. *

303 Tragédies-Opera de l'Abbé Metaftafio, par M. ... *Vienne.* (*Paris.*) 1751. 7 *vol. in* 12. *

304 Le Théâtre de la Foire ou l'Opera Comique, par le Sage & Dorneval. *Paris.* 1737. 10 *vol. in* 12. *

305 Nouveau Recueil de Piéces, Parodies, & autres repréf. fur le Théâtre de l'Opera Comique, depuis fon rétabliffement, avec les airs notés. *Paris.* 1755. 3 *vol. in* 8. *

306 Le Théâtre Danois par Louis Holberg, traduit par M. G. Furfman. *Copenhague.* 1746. *in* 12. *

Mythologie, Facéties, Contes & Nouvelles.

307 Le Temple des Muses orné de LX Tableaux deffinés & gravés par B. Picart & autres habiles Maîtres. *Amft.* 1749. *in fol. G. P. pr. épr.* *

308 Conférence de la Fable avec l'Hiftoire Sainte, par M. de Lavaur. *Paris.* 1730. 2 *vol. in* 12. *v. b.*

309 L'Afne d'or d'Apulée. *Paris.* 1745. 2 *vol. in* 12. *fig.* *

310 Oeuvres de Fr. Rabelais, avec des Remarques Hiftoriques & Critiques de M. le Duchat, nouvelle édition ornée de figures de B. Picart: *Amft.* 1741. 3. *vol. in* 4. *v. m.*

310 * Le même. 1732. 6 *vol. in* 12.

311 Le Conte du T. par le Doct. Swift. trad. de l'Anglois. *La Haye.* 1721. 2 *vol. in* 12. *imp. fur pap. de Holl. gr. pap. v. m.*

312 Les P. du C. 1722. *in* 12. *v. m.*

313 L'Eloge de la Folie, traduit du Latin d'Erafme par M. Gueudeville. *Paris.* 1757. *in* 12. *fig. v. m.*

314 Les Etrennes de la Saint Jean. *Troyes.* 1742. *in* 12. *v. m.*

315 Les Ecoffeufes ou les œufs de Pâques. *Troyes.* 1739, *in* 12. *v. b.*

316 Le Decameron de Bocace, traduit de l'Italien en François par Ant. le Maçon. *Paris.* 1739. *in* 8. *m. r.*

317 Contes & Nouvelles de Bocace, avec des figures en taille-douce gravées par Rom. de Hooge. *Amft.* 1697. 2 *vol. in* 8. *m. c. doub. v. b.*

318 Les cent Nouvelles nouvelles, contenant

cent Histoires nouveaux qui sont moult plai-
ans à raconter en toutes bonnes Compagnies
par maniere de joyeuseté : *c'est-à-dire*, les cent
Nouvelles nouvelles, recueillies par l'ordre
du Roi Louis XI. & réimprimées avec une Pré-
face & des figures en taille-douce gravées sur
les desseins de Romain de Hooge. *Colog. (Holl.)*
1701. *2 vol. in 8. v. f. Les figures sont détachées.*

319 Les cent Nouvelles nouvelles. *Colog.* 1736.
2 vol. in 8. fig. v. m.

320 Contes & nouvelles de Marguerite de Valois
Reine de Navarre. *Amst.* 1698. *2. vol. in 8.
fig. m. c. doub. v. f.*

321 Contes & nouvelles en Vers par Jean de la
F. avec les fig. de Rom. de Hooge. *Amsterdam.
Desbordes.* 1685. *2 vol. in 8. v. b. papier fort.*

322 Contes nouveaux de M. G . . . *Amst.* 1745.
2 tom en un vol. in 12. v. m.

323 Oeuvres diverses de M. de G . . . . *Londres.*
(*Paris.*) *4 vol. in 12.* *

324 Les Matinées & Après-dînés de Cholieres.
Paris. 1586. 1587. *2 vol. in 12.*

325 Nouveaux Récits, ou contes moralisés, joint
à chacun le sens moral, par Duroc Sort Manne.
Anvers. 1575. *in 16.*

326 Le Printems d'hyver, contenant cinq His-
toires discourues par cinq journées en une no-
ble Compagnie, au Château du Printems, par
Jacq. Yver. *Paris.* 1581. *in 16. m. r.*

327 Les Contes & Discours d'Eutrapel, par N.
du Fail. 1732. *2 vol. in 12. v. m.*

Romans.

328 Amours de Theagénes & Chariclée. *Paris.*
1743. *2 vol. in 8. fig. v. m.*   D ij

329 Les Amours de Leucippe & de Clitophon, trad. du Grec d'Achile Tatius. *Amst.* (*Paris.*) 1733. *in 12.* *

330 Les Amours d'Ismene & d'Ismenias, *Paris.* 1743. *in 8. fig.* *

331 Le Caloandre fidéle , traduit de l'Italien d'Ambrosio Marini. *Paris.* 1740. *3 vol. in 12. v. m.*

332. L'Astrée de M. Honoré d'Urfé. *Paris.* 1624 6 *vol. in 8. v. b.*

333 Le Gage Touché , Hist. Galantes & Comiques. *Paris.* 1730. 2 *tom. en 1 vol. in 12.* *

334 Les Romans de M. de Boursault. *Paris.* 1739. 2 *vol. in 12.* *

335 Le Palais du Silence, *Amst.* 1754. 2 *vol. in 12. velin. vert.*

336 Le Guerrier Philosophe, ou Mém. de M. le Duc de... *La Haye.* (*Paris*) 1744. 2. *vol. in 12. v. m.*

337 Amor & Almansine, ou l'inutilité de l'esprit & du bon sens, par M. de Puisieux. *Amst.* (*Paris*) 3 *part. en 1 vol. in 12.* *

338 Histoire de Gogo. *La Haye.* (*Paris*) 1739. 2 *tom. en 1 vol. in 12. v. b.*

339 Anecdotes Historiques, Galantes & Littéraires du tems present , en forme de Lettres. *La Haye.* 1737. 2 *tom. en 1 vol. in 12.* *

340 Le Triomphe de la Vertu ou Aventures de la Comt. de Bressol. *La Haye.* 1741. 3 *vol. in 12.*

341 Les Journées Amusantes, par Mad. de Gomez. *Paris.* 1737. 8 *vol. in 12. fig.* *

342 Les Cent Nouvelles Nouvelles de Mad. de Gomez. *Paris.* 1739. 36 *part. en 18 vol. in 12.* *

343 La Paysanne Parvenue , par M. de Mouhy. *Paris.* 1754. 4. *vol. in 12. v. m.*

344 La Vie de Marianne, par M. de Marivaux. *Paris.* 1755. 4 *vol. in* 12. *v. m.*

345. Les Aventures Portugaises. *Paris.* 1756. 2 *tom. en* 1 *vol. in* 12. *

346 L'Education du Marquis de.... ou Mém. de la Comtesse de Zurlac, par Mad. de P.... *Berl.* (*Paris*) 1753. *in* 12.

347 Le Cosmopolite. *Lond.* 1753. *in* 12. *

348. La Mouche, ou les Aventures de M. Bigand, trad. de l'Italien, par M. de Mouhy. *Paris.* 1738. 4 *vol. in* 12. *v. m.*

349 Le Danger des Passions, ou Anecdotes Syriennes & Egyptiennes. 1757. 2 *vol. in* 12. *broché.*

Romans Héroïques, Historiques, de Chevalerie, & Satyriques.

350. Tarsis & Zelie. *La Haye.* (*Paris*) 1720. 6 *tom. en* 3 *vol. in* 12. *fig. v. b.*

351 Les Amours de Tibulle, par de la Chapelle. *Paris.* 1729. 3 *vol. in* 12. *v. b.*

352. Les Amours de Catulle, par de la Chapelle. *Paris.* 1725. 2 *vol. in* 12. *v. m.*

353 La Princesse de Cleves. *Paris.* 1752. *in* 12. *v. m.*

354 Histoire Amoureuse des Gaules, par le Comte de Bussy Rabutin, *Colog.* 1740. 4 *vol. in* 12. *v. f.*

355 Les Aventures du Baron de Fœneste, par Théodore Agrippa d'Aubigné. *Amst.* (*Rouen*) 1731. 2 *vol. in* 12. *v. b.*

356. Les Aventures de M. d'Assoucy. *Paris.* 1677. 2 *vol. in* 12. *v. b.*

356 * Les Pensées du même. *Paris.* 1674. *in* 12.

357 Mémoires de la Marquife de Frefne. *Amſt.* 1702. *in* 12. *fig. v. b.*

358 Le Siege de Calais, Nouv. Hiſtorique. *La Haye.* (*Paris*) 1739. 2 *vol. in* 12. *v. m.*

359 Hiſtoires Amoureufes du Comte de Clare. *Colog.* 1732. *in* 16. *v. b.*

360 Mémoires de la Comteſſe Linska, Hiſt. Polonoiſe, par Milon de la Valle. *Paris.* 1739. *in* 12. *v. b.*

361 Aventures de la Signora Rofalina, par M. Dargens. *La Haye.* 1737. *in* 12. *v. b.*

362 Le Mentor Cavalier, par le même. *Lond.* 1734. *in* 16. *v. b.*

363 Mémoires de Madem. de Mainvilier, ou le feint Chevalier, par le même. *La Haye.* 1736. *in* 12. *v. b.*

364 Mémoires du Marquis de Mirmon, ou le Solitaire Philofophe, par le même. *Amſt.* 1736. *in* 12. *v. b.*

365 Mémoires du Comte de Vaxere, ou le Faux-Rabin, par le même. *Amſt.* 1751. *in* 16.

366 Mémoires & Aventures d'un homme de qualité, par l'Ab. Prevoſt. *Amſt.* (*Paris*) 1738. 7 *vol. in* 12. *v. m.*

367 Anecdotes Galantes & Tragiques de la Cour de Néron. *Paris.* 1735. *in* 12. *

368 Hiſtoir. d'Hypolite, Comte de Duglas. *Rouen.* 1732. *in* 12. *fig.*

369 L'Atlantis de Mad. Manley. *La Haye.* 1713. 3 *vol. in* 8. *v. f.*

370 Le Coufin de Mahomet. *in* 12. *fig. v. m.*

371 Perfile & Sigifmonde, Hiſt. Septentrionale, tirée de l'Efpagnol de Miguel de Cervantes, par M. L. G. D. R. *Paris.* 1738. 4 *vol. in* 12. *v. br.*

372 Hiſtoire de Don Quichotte de la Manche, trad. de l'Eſpag. de Michel de Cervantes, avec la ſuite. *Paris.* 1732. 14 *vol. in* 12. *fig. v. br.*

373 Nouvelles de Michel de Cervantes. *Amſt.* 1720. 2 *vol. in* 12. *v. br.*

374 Hiſtoire du Chevalier Tiran le Blanc. *Lond.* (*Paris*) 2 *vol. in* 12. *v. b.*

375 Le Bachelier de Salamanque, par M. le Sage. *Paris.* 1736. 2 *vol. in* 12 *v. m.*

376 Le Diable Boiteux, par le même. *Paris.* 1737. 2 *vol. in* 12 *v. m.*

376 * Hiſtoire de D. Ranutio d'Aletes. *Veniſe.* 1736. 2 *vol. in* 12. *fig. v. m.*

Romans de Politique.

377 L'Argenis de Barclay, trad. nouv. par M. l'Ab. Joſſe. *Chartres.* 1732. *3 vol. in* 12. *

378 Les Aventures de Télemaque, fils d'Ulyſſe, par Fr. Salignac de la Mothe Fenelon, avec des Remarques Critiques & Hiſtoriq. *Amſt. Hofhout.* 1725. *in* 12. *fig.* *

379 Le même. *Amſt.* 1734. 4º. *fig. en blanc.*

379 * Le même. *Paris.* 1729. 2 *vol. in* 12. *fig.* *

380. Le Prince des délices du cœur, ou Traité des Qualités d'un Grand Roi, & Syſtême général d'un Sage Gouverneur, par M. M. *Amſt.* 1751. 2 *vol. vel.*

380 * Les Mille & une Fav. par M. le Chevalier de Mouhy. *Lond.* (*Hollande*) 1740. 8 *vol. in* 12. *v. b.*

Contes des Fées, ou Narrations Fabuleuses,
&c.

381 Les Mille & un Jour, Contes Perfans, par M. Petit de la Croix. *Paris.* 1729. *5 vol. in* 12. *

382 Les Mille & une Soirées, Contes Mogols, *Paris.* 1749. *3 vol. in* 12. *

383 Les Contes des Fées, par M. d'Aunoy. *Paris.* 1757. *4 vol. in* 12. *

384 Hiftoire du Prince Titi. *Paris.* 1737. *3 vol. in* 12. *v. b.*

385 Zeczeczeb, Anecdotes Indoftanes. *Paris.* 1751. *2 vol. in* 12.

386 Le So. Conte Moral, par **M.** Crebillon. *Pekin.* 1749. *in* 12. *fig. v. m.*

387 Tanzaï & Néadarné, Hiftoire Japonoife, par le même. *Lond.* 1735. *2 t. en 1 vol. in* 12. *

388 Le même. 1758. *2 vol. in* 12. *fig. v. m.*

389. Angola, Hift. Indienne. *Agra.* 1751. *1 vol. in* 12. *fig. v. m.*

390. Vie & Avantures de Lazarille de Tormes, traduites de l'Efpagnol. *Bruxelle.* 1746. *in* 12. *fig. v m.*

391 L'Art de voler fans aîles. *Paris.* 1707. *in-* 12.

392 La Mandarinade, ou Hiftoire Comique du Mandarinat, de M. l'Abbé de Saint-Martin. *La Haye.* 1738. *3 vol. in-* 12. *v. f.*

Romans Anglois.

393 Le Philofophe Anglois, ou Hiftoire de M. Cleveland ; par M. l'Abbé Prevoft. *Utrecht.* (*Paris*) 1741. *6 vol. in-* 12. *v. m.*

394 Le Doyen de Killerine, par le même. *Paris.* 1739. 6 *tom. en* 3 *vol. in-*12. *v. m.*

395 Histoire de Tom Jones, ou l'Enfant trouvé, trad. de l'Angl. par M. de la Place. *Amst.* 1750. 4 *vol. in* 12. *fig. v. m.*

396 L'Orpheline Angloise, traduite de l'Anglois par le même. *Londres.* (*Paris*) 1751. *in-*12. 4 *vol.* *

397 Lettres Angloises, ou Histoire de Miss Clarisse Harlove. *Lond.* 1751. 12 *vol. in* 12. *.

398 L'Etourdie, ou Histoire de Miss Betsy Tatless. Trad. de l'Angl. *Paris.* 1754. 4 *tom. en* 2 2 *vol. in* 12.

399 Oronoko, imitée de l'Anglois par M. de la Place. *Paris.* 1756. *in-*12. *

400 L'Ami de la Fortune, ou Mémoires du Marquis de S. A, *Lond.* (*Paris*) 1754. 2 *tom. en* 1 *vol. in* 12. *.

401 Histoire & Avanture de Sir Williams Pickle trad. de l'Angl. *Amst.* (*Paris.*) 1753. 4 *vol.* *

402 Mémoires de Milord D *** .... Les Mémoires de Mlle de Bonneval. *Paris.* 1737 & 1738. *in* 12. *v. b.*

403 Avantures de Londres. *Paris.* 1751. *in* 12.

Philologues, Satyres, Apologies, Apophthegmes, Adages, &c.

404 Le Chef-d'œuvre d'un inconnu, par le Docteur Matanasius. *La Haye.* 1745. 2 *vol. in* 12. *

405 Essais sur la nécessité & sur les moyens de plaire. Par M. de Moncrif. *Paris.* 1738. *in* 8. *gr. p. impr. sur pap. d'Hol.* *

406 Apologie pour l'Ordre des Francs-Maçons. Par M. N. *La Haye.* 1742. *in* 12. *v. m.*

E

407 Les Francs-Maçons écrasés. *Amsterd.* 1747. *in 8. fig. v. m.*

408 Petrone, Latin & François 1713. 2 *vol. in-* 12. *fig. v. b.*

409 Voyage d'Italie, par Gab. d'Emilliane *Roter.* 1697. 2 *tom. en* 1 *vol. in-*8. *v. b.*

309 * Ouvrage de Penelope, ou Machiavel en Médecine. Par Aletheius Demetrius. *Berlin.* 1748. 3 *in* 12. *

410 Poggiana. *Amst.* 1720. 2 *vol. in* 12. *v. b.*

411 Perroniana & Thuana. *Colog.* 1694. *in-*12.

412 Ménagiana, ou les Bons Mots de M. Menage. *Paris.* 1729. 4. *vol. in* 12. *v. b.*

413 Segraisiana. *Paris. in* 12. *v. m.*

414 Arliquiniana *Paris.* 1696. *in-*12. *v. m.*

415 Vasconiana. *Paris.* 1719. *in* 12. *v. b.*

416 Voltariana. *Paris. (Hollande)* 1748. *in-*8. *

417 Elite de Bons Mots. *Amsterd.* 1731. 2 *vol. in* 12. *.*

418 La Vie & les Bons mots de M. de Santeuil. *Cologne.* 1735. 2 *tom. en* 1 *vol. in* 12. *v. b.*

419 Bibliotheque des gens de Cour, par M. Gayot de Pitaval. *Paris.* 1732. 6 *vol. in-*12.

420 Les Ridicules du Siecle, par M. Chevrier. *Paris.* 1752. *in* 12. *

Polygraphe.

421 Lucien de la Trad. de Perrot, Sr. d'Ablancour, avec des Remarques. *Par.* 1733. 3 *vol. in* 12. *v. m.*

422 Les Essais de Montagne. *Amst.* 1659. 3 *vol. in* 12. *v. b.*

423 Œuvres de Voiture. *Paris* 1729. 2 *vol. in* 12. *v. b.*

424 Œuvres de Cyrano Bergerac. *Amst.* 1709. 2 *vol. in* 12. *fig. v. b.*

425 Œuvres de Scarron. *Paris* 1752. 12 *vol. in* 12. *v. m.*

426 Recueil de Pieces Galantes, en Profe & en Vers, de Mad. la Comtefse de la Suze & de M. Pelisson. *Trevoux.* (*Paris.*) 1748. 5 *vol. in* 12. *

427 Œuvres de Me. de Ville-Dieu. *Paris.* 1721. 12 *vol. in* 12. *v. b.*

428 Amufemens de la Campagne, par M. Durand. *Paris.* 1749. 7 *vol. in* 12. *v. m.*

429 Bibliotheque de Campagne, ou Amufemens de l'Efprit & du Cœur. *La Haye.* 1738. 12 *vol. in* 12. *double.*

430 Œuvres de Chapelle & de Bachaumont. *Paris.* 1733. *in* 12. *v. m. doub.* 1755.

431 Œuvres Mêlées de M. S. Evremond. *Lond.* 1709. 3 *vol. in* 4. *gr. pap. rel. en carton.*

432 Les mêmes, avec la Vie de l'Auteur, par M. des Maizeaux. *Par.* 1753. 12 *vol. in* 12. *v. m.*

433 Œuvres de l'Abbé Nadal. *Paris.* 1738. 3 *vol. in* 12. *

434 Œuvres de Pier. Bayle. *La Haye.* (*Trevoux.*) 1737. 4. *vol. in fol. v. m.*

435 Réponfe aux Queftions d'un Provincial, par le même. *Rotterd.* 1708. 5 *vol. in* 12.

436 Œuvres de M. de Fontenelle, enrichies de très-belles figures, gravées par B. Picart. *La Haye.* 1728. 3 *vol. in fol. gr. pap. en blanc.*

436 * Le même, *pet. pap. en blanc.*

437 Traité Hiftorique & Critique de l'Opinion, par Gibert-Charles le Gendre. *Paris.* 1741. 7 *vol. in* 12. *

438 Les Œuvres de le Noble. *Paris.* 1718. 19 *vol. in* 12. *v. b.*

439 Les Œuvres de M. l'Abbé de Saint Pierre.
Rotterd. 1738. 17 vol. in 12. *

440 Œuvres Mêlées du Chevalier de Saint-Jory.
Amst. (Paris.) 1735. v. m.

441 Œuvres de M. de Saint-Mard. Amst. (Paris.)
1740. 3 vol. in 12. *

442 Œuvres de Pavillon. Amst. (Paris.) 1747.
2 vol. in 12. *

443 Œuvres de Madame & Mademoiselle Des-
houlieres. Par. 1747. 2 tom. en 1. vol. in 12. *

444 Œuvres Mêlées en Prose & en Vers, de
M. L. D. B*** Genève. (Paris.) 1753. in 12.

445 Œuvres Diverses de M. le Franc. Paris.
1753. 2 vol. in 12. fig. *

446 Œuvres Diverses de Pope, trad. de l'Angl.
Amst. 1754. 6 vol. in 12. fig. *

447 Extraits de tous les Beaux Endroits des Ou-
vrages des plus célebres Auteurs. Amst. 1681
3 vol. in 12. v. b.

448 Pieces Diverses, avec quelques Lettres de
Morale & d'Amusemens. Paris. 1746. in 12.

449 L'Abeille du Parnasse, ou Nouveau Choix
de Pensées, Réflexions, Maximes, Portraits
Caractéres, tirés des meilleurs Poetes Franç.
par M... Paris. 1757. 2 tom. en 1 vol. in 12. *

450 La Pleïade Françoise, ou l'Esprit des Sept
plus Grands Poétes. Paris. 1756. 2 vol. in 12.

451 Mélanges de Littérature, d'Histoire & de
Philosophie. Berlin. (Paris.) 1753. 2 vol.
in 12. *

452 L'Art d'Orner l'Esprit en l'amusant, par
Gayot de Pitaval. Par. 1732. 2 vol. in 12. v. f.

453 Mêlange de différentes Piéces de Vers & de
Prose, trad. de l'Angl. Berlin. 1751. in 12. *

454 Nouveaux Amusemens du Cœur & de l'Es-
prit. *Amst.* (*Paris.*) 1741. 15 *vol. in* 12. *
455 Lettres Phil. par M. V. avec plusieurs Piéces
Galantes & Nouvelles. *Par.* 1756. *in* 12. *v. m.*
double.
456 Recueil de divers Ecrits sur l'Amour &
l'Amitié, la Politesse, la Volupté, les Senti-
mens agréables, l'Esprit & le Cœur. *Paris.*
1736. *in* 12. *
457 Bibliotheque amusante & instructive. *Paris.*
1753. *in* 12. *

Dialogues.

458 Les Colloques d'Erasme, trad. par M. Gueu-
deville. *Leide.* 1720. 5 *tom. en* 4 *vol. in*-12. *v.m.*
459 Cymbalum mundi, par Born des Périers,
avec les notes de Prosp. Marchand. *Paris.* 1732.
in 12. *br.*

Epistolaires.

460 Les Lettres de Pline le jeune. *Paris* 1721.
3 *vol. in* 12. *
461 Les Lettres d'Abeillard & d'Heloïse. *Paris.*
1723. 2 *vol. in* 12. *v. m.*
462 Lettres choisies de Guy Patin. *Colog.* 1692.
4 *vol. in* 12. *v. b.*
463 Lettres Françoises sur toutes sortes de sujets
Par P. Richelet. *Paris.* 1698. 2 *vol. in*-12.
464 Les Lettres de Messire Roger de Rabutin,
Comte de Bussy. *Paris.* 1737. 7 *vol. in*-12. *
465 Lettres de Fr. Rabelais, avec des observa-
tions historiq. Par M. de Sainte-Marthe. *Brux.*
1710. *in* 8. *v. m.*
466 Lettres de Madame la Marquise de Sévigné

à Madame la Comtesse de Grignan sa fille.
Paris. 1754, 8 *vol. in* 12. *

467 Lettres historiques & galantes de Madame
Du Noyer. *Lond.* (*Paris*) 1757. 9 *vol. in*-12.*

468 Lettres nouvelles de Boursault. *Paris.* 1737.
3 *vol. in* 12. *

469 Lettres Turques & de Nedim Coggia *Amst.*
(*Paris*) 1750. *in* 12. *

470 Lettres de la Marquise de M. au Comte de
R. Par M. de Crébillon. *Paris.* 1739 2 *vol.*
in 12. *v. m.*

471 Lettres Moscovites. *Konisberg.* 1736. *in* 12.

472 Lettres Saxonnes. *Berlin.* 2 *tom. en* 1 *vol.*
in 12. *v. m.*

473 Lettres d'un François. Par M. l'Abbé le
Blanc. *La Haye.* 1745. 3 *vol. in*-12. *

474 Lettres d'Aza. *Paris.* 1749. *in*-12. *

475 Lettres d'un S . . . . *Amst.* 1738. *in*-12. *doub.*

476 Lettres de Rousseau sur différens sujets de
Littérature. *Geneve.* 1749. 3 *vol. in* 12. *

477 Caprices d'Imagination, ou Lettres sur dif-
férens sujets d'histoire, &c. *Paris.* 1740. *in*-12.

478 L'Amitié après la mort , contenant les Let-
tres des morts aux vivans , & les Lettres mo-
rales & amusantes , par Madame Rowe. *Amst.*
1740. 2 *vol. in*-12. *v. b.* *

479 Lettres sur les Sourds & Muets à l'usage de
ceux qui entendent & qui parlent. *Paris.* 1751.
in-12. *

480 Lettres sur les Aveugles , à l'usage de ceux
qui voyent. *Lond.* (*Paris*) 1749. *in*-12. *fig.* *

481 Lettres Cabalistiques, par le M. d'Argens ,
Paris. 1754. 7 *vol. in*-12. *v. m.*

482 Lettres Chinoises, par le même. *Paris.* 1755.
6 *vol. in* 12. *v. m.*

483 Lettres Morales & Critiques sur les diffé-
rens états des hommes, par M. le Marquis
d'Argens. *Amst. (Paris)* 1748. *in 12.*

484 Lettres de Therese, ou Mémoires d'une
jeune Demoiselle de Province. *La Haye.(Par.)*
1739. *in-12. v. m.*

485 Lettres sur le Patriotisme. *Lond. (Paris)*
1750. *in-8. * doub.*

HISTOIRE.

Introduction à l'Histoire & à la Géographie.

486 Education Complete, ou Abregé de l'Hist.
Universelle, mêlée de Géographie, de Chro-
nologie à l'usage de la Famille Royale de
S. A. R. la Princesse de Galles, par le P. de
Beaumont. *Londres.* 1753. 3 *vol. in 12. v. m.*

487 La Science des Personnes de Cour, d'Epée &
de Robbe, du Sieur de Chevigni, augmentée
par M. de Limiers. *Paris.* 1752. 8 *vol. in 12.
fig. **

488 Lucæ Holstenii in Stephani Byzantini Genti-
lia sive de urbibus notæ & castigationes posthu-
mæ, ex editione Th. Rickii qui Scymni Frag-
menta Gr. lat. &c. addidit. *Lug. Bat. Hac-
kius,* 1684. *in fol. vel.*

489 Géographie Universelle, par M. Noblot.
Paris. 1726. 5 *vol. in 12. v. m.*

490 Dictionnaire Géographique & Historique,
par M. Baudrand. *Paris.* 1705. *in fol. v. b.*

491 Dictionnaire Géographique & Historique,
par le même, *Utrecht.* 1712. *in 4. v. m.*

492 Dictionnaire Géographique & Critique, par M. Bruzen de la Martiniere. *La Haye.* 1726. 10 *vol. in fol. v. m.*

493 Atlas Historique, par M. Guedeuville. *Amst.* 1713. 7 *vol. in fol.* *

Voyages.

494 Voyages Historiques de l'Europe, augmentés de la Guide des Voyageurs, par M. de B. F. *Amst.* 1718. 8 *v. in* 12. *v. m.*

495 Lettres & Mémoires du Baron de Pollnitz, *Amst.* 1737. 5 *vol. in* 12. *v. b.*

496 Voyages de Monconys. *Paris.* 1695. 5 *vol. in* 12. *fig. v. b.*

497 Histoire Générale des Voyages, par M. l'Ab. Prevost. *Paris.* 1749, *& suiv.* 48 *vol. in* 12. *fig.* *

498 Voyages de J. B. Tavernier. *Hollande.* 1679. 5 *part. en* 3 *vol. in* 12. *fig. vol.*

499 Voyage d'Italie, par M. Max. Misson. *La Haye.* 1702. 4 *vol. in* 12. *fig. v f.*

500 Voyage au Levant, par Corn. le Brun. *Amst.* 1714. *in fol. v. b.*

500 * Voyage de Corn. le Brun, en Moscovie & en Perse, &c. *Amst.* 1718. 2 *vol. in fol. fig. v. b.*

501 Voyage du Chevalier Chardin en Perse, & autres lieux de l'Orient. *Amst.* 1735. 4 *vol. in* 4. *fig. en bl.*

502 Voyage de G. Schouten aux Indes Orientales. *Amst.* 1707. 2 *vol. in* 12. *fig. v. b.*

503 Voyage fait aux Indes Orientales, par Dellon. *Amst.* 1699. *in* 12. *fig. v. b.*

504 Voyage de Guinée, par Guillame Bofman. *Utrecht.* 1705. *in* 12. *fig. v. f.*

505 Voyage de Gulliver, trad. de l'Anglois, de Swift, par Desfontaines. 1727. *Paris.* 2 *vol. in* 12. *fig. v. b.*

506 La Vie & les Avantures de Robinfon Crufoë. *Amft.* 1721. 4 *tom. en* 3 *vol. in* 12. *fig. v. b.*

507. Voyage en l'autre Monde, ou Nouvelles Littéraires de celui-ci. *Paris* 1752. *in* 12.

Chronologie.

508 Introduction à l'Hiftoire Moderne, Générale & Politique de l'Univers, commencée par le Baron de Pufendorff, augmentée par M. Bruzen de la Martiniere, revûe & augmentée par M. de Grace. *Paris.* 1753. 4 *vol. in* 4. G. P. *avec la Soufcription.* *

509 Hiftoire Univerfelle, depuis le commencement du monde jufqu'à préfent, trad. de l'Angl. 'une fociété de Gens de Lettres. *Amft.* 1747. d4 *vol. in* 4. *v. b.* *

510 Difcours fur l'Hiftoire Univerfelle, par M. B. Boffuet. *Paris. Cramoify.* 1681. *in* 4.

511 Le même. *Hollande.* 1681. *in* 12. *v. f.*

512 Le même, avec la fuite de Jean de la Barre. *Paris.* 1730. 2 *vol. in* 12. *v. b.*

513 Le Théatre Hiftorique, par M. Gueudeville. *Leide.* 1703. 5 *tom. en* 3 *vol. in fol.*

514 Introduction à l'Hift. de l'Europe, par Rouxel. *Amft.* 1710. 4 *vol. in* 12. *v. b.*

515 L'Efpion Turc, par M. Paul Marana. *Lond.* (*Hollande*) 1742. 7 *vol. in* 12. *fig. v. m.*

515 * Le même. *Amft.* (*Paris*) 1756. 9 *vol. in* 12. *v. m.*

Histoire Ecclésiastique.

516 Abregé Chronologique de l'Hist. Ecclésiast. *Paris.* 1751. *in* 12. *

517 Hist. du Peuple de Dieu, par le P. Isaac‑Joseph Berruyer. *Paris.* 1736. *& suiv.* 18 *vol. in* 12. *

517 * Hist. Ecclés. par M. Fleury. *Paris.* 1724. *& suiv.* 36 *vol. in* 12. *v. m.*

518 Mémoires pour servir à l'Histoire Ecclésiast. par M. le Nain de Tillemont. *Bruxelles.* 1706. *& suiv.* 10 *t. en* 30 *vol. in* 12. *v. b.*

519 Hist. des Empereurs, par le même. *Bruxelles.* 1707. *& suiv.* 6 *t. en* 16 *vol. in* 12. *v. b.*

Histoires des Conciles.

520 Histoires des Conciles de Pise, de Constance, & de Basles, par M. l'Enfant. *Amst.* 1724. 1727 & 1731. 6 *vol. in* 4. *fig. en bl.*

521 Hist. du Concile de Trente, par Louis-Ellies Du‑Pin. *Brux.* 1721. 2 *vol. in* 8. *v. b.*

522 Abregé de l'Hist. du Concile de Trente, par Pier. Jurieu. *Amst.* 1683. 2 *vol. in* 12. *v. b.*

Histoires des Papes.

523 Hist. des Papes, depuis S. Pierre jusqu'à Benoît XIII. inclusivement. *La Haye.* 1732. 5 *vol. in* 4. * *doub v. m.*

524 Hist. de la Pap. Jea. traduite du lat. de M. de Spanheim. *La Haye.* 1720. 2 *t. en* 1 *vol. in* 8. *fig. v. b.*

525 Mémoires Hist. & Crit. sur la vie & la Légende de Grégoire VII, &c. *Rouen.* 1743. 3 *vol. in* 12. *

526 La Vie d'Alexandre VI. & de fon fils Céfar
de Borgia , par Alexandre Gordon. *Amft.*
1732. 2 *vol. in* 12. *v. b. doub.*

527 Hift. Politique du Cardinal Portocarrero.
Amft. 1734. *in* 12. *

528 Vies des Quatre Evêques, *Colog.* 1756. 2 *vol.*
in 12. *v. m.*

Hiftoires des Ordres Monaftiques, Religieux
& Militaires.

529 La Vie de Dom Armand Jean le Bouthillier,
par M. Marfollier. *Paris.* 1703. 2 *vol. in* 12.
v. b.

530 Nécrologe de l'Abbaye de Port-Royal des
Champs. *Amft.* 1723. *in* 4. *fig. v. f.*

531 Hift. de l'Abbaye de Port - Royal , *Colog.*
1752. 6 *vol. in* 12. *v. m.*

532 L'Alcoran des Cordeliers , orné de figures
deffin. par B. Picart... avec la Légende dorée.
Amft. 1724. 3 *vol. in* 12. *

533 Les Aventures de la M****, par M. Renoult.
Amft. 1701. *in* 8. *fig.*

534 La Guerre S..... *La Haye.* 1740. *in* 12. *v. b.*

535 Hift. de la Comp. de J. *Soleure.* 1740. 4 *vol.*
in 12. *v. b.*

536 La Vie de la Vénérable Mere Marguerite-
Marie , Religieufe de la Vifitation Ste. Marie,
par J. Languet. *Paris.* 1729. *in* 4. *v. b.*

537. Hiftoire des Chevaliers de Malthe , par M.
l'Ab. de Vertot. *Paris.* 1726. 7 *vol. in* 12.
v. b.

538. Hiftoire des Ordres Réguliers & Militaires
des Templiers Teutons, Hofpitaliers ou Che-

valiers de Malthe. *Paris.* 1725. 2 *vol. in* 12.
v. b.

539 Les Statuts de l'Ordre du S. Esprit. *Paris.*
Imp. Royale. 1724. *in* 4. *m. r. L. R.*

Vie des Saints.

540 Les Vies des Saints par Baillet. *Paris.* 1701.
17 *vol. in* 8. *

541 La Vie de Saint Athanase par G. Hermant.
Par. 1672. 2 *vol. in* 8. *v. b.*

Histoires des Hérésies.

542 Cérémonies & Coutumes Religieuses de tous
les Peuples du monde, représentées par des
figures dessinées par Bern. Picart, avec des ex-
plications historiques. *Amst.* 1723. *& suiv.* 7
vol. in fol. v. b.

543 Histoire de l'hérésie de Wiclef, Jean Hus, &
Jr. de Prague. *Lyon.* 1682. 2 *vol. in* 12. *v. b.*

544 Histoire des Variations des Eglises Protestan-
tes, par M. J. Benigne Bossuet. *Paris. Cra-*
moisy. 1688. 2 *vol. in* 4.

545 Histoire du Calvinisme & du Papisme, par
M. Maimbourg. *Rotterd.* 1683. 4 *vol. in* 12.
v. b.

Histoire de l'Inquisition.

546 Relation de l'Inquisition de Goa par Del-
lon. *Paris.* 1688. *in* 12. *fig. v. b. doub.*

547 Histoire de l'Inquisition & son origine, par
Marsolier. *Colog.* 1693. *in* 12. *v. b.*

548 L'Inquisition Françoise ou l'Histoire de la

Baftille, par Conftantin de Renneville. *Amft.*
1724. 5 vol. in 12. fig. v. f.

Hiftoire ancienne & des Juifs.

549 Hiftoire Ancienne de M. Rollin. *Par. 1730.*
   & fuiv. 11 *tom. en* 12 *vol.* *

550 Abrégé Chronologique de l'Hiftoire ancien-
   ne des Empires & des Républiques, par M.
   Lacombe. *Par. 1747. in 8. v. m.*

551 La République des Hébreux. *Amft. 1713. 3*
   vol. in 8. v. m.

551 * Antiquités Judaïques, ou Remarques fur la
   République des Hébreux, par M. Bafnage.
   Amft. 1713. 2 vol. in 8. v. m.

552 Hiftoire des Juifs depuis Jefus-Chrift jufqu'à
   préfent, pour fervir de continuation à l'Hift.
   de Jofeph, par M. Bafnage. *La Haye.* 1716.
   15 *tom. en* 10 *vol. in* 12. *v. b.*

Hiftoire Grecque.

553 Les Guerres d'Alexandre, par Arrian. *Par.*
   1646. *in 8.* *

554 Quinte-Curce de la trad. de Vaugelas avec
   les Supplémens de Freinshemius. trad. par du
   Rier. *Amft.* 1747. 2 *vol. in 8. fig. v. m.*

Hiftoire Romaine.

555 Hiftoire Romaine depuis la fondation de
   Rome par les RR. PP. Catrou & Rouillé, de
   la Compagnie de Jefus. *Paris.* 1725. 21 *vol. in*
   4. *

556 Hiftoire des Révolutions de la République

Romaine , par M. l'Abbé de Vertot. *Paris.* 1730. 3 *vol. in-12. v. b.*

557 Rome ancienne par Fr. de Seine. *Leyde.* 1713. 4 *tom. en 3 vol. in 12. v. b.*

557 * Rome moderne, par le même. *Leyde.* 1713. 6 *tom. en 5 vol. in-12. fig. v. b.*

558 Eutropii Breviarium Hiftoriæ Romanæ. *Parif.* 1746. *in 12. v. m.*

559 Etat préfent de l'Eglife Romaine dans toutes les parties du monde , par Urbano Cerri. *Amft.* 1716. *in 8. v. b.*

560 Hiftoire des Révolutions de Genes. *Paris.* 1750. 3 *vol. in-12. v. m.*

Hiftoire de France

561 Les Antiquités & Recherches des Villes & Châteaux de la France, par André Duchefne. *Paris.* 1609. *in 8. v. b.*

562 Nouvelle Defcription de la France , par M. Piganiol de la Force. *Paris.* 1722. 8 *vol. in-12. fig. v. b.*

563 Mémorial de Paris & de fes environs , nouvelle édition. *Paris.* 1749. 2 *vol. in-12. v. m.*

564 Dictionnaire univerfel de la France. *Paris.* Saugrain. 1726. 3 *vol. in fol. v. f.*

565 Defcription de Paris par M. Piganiol de la Force. *Par.* 1742. 8 *vol. in-12. fig. v. b.*

566 Les œuvres d'Etienne Pafquier. *Amfterdam.* (*Trevoux.*) 1723. 2 *vol. in fol.* *

567 Hiftoire de France par le P. G. Daniel, de la Compagnie de Jefus. *Paris.* 1729. 10 *vol. in 4.* G. P. v. m.

568 Hiftoire de France compofée par M. Chalons. *Paris.* 1754. 3 *vol. in-12. v. m.*

569 Nouvel Abrégé Chronologique de l'Histoire de France par M. le Président Hainault. *Paris.* 1756. 2 *vol. in* 8. * *doub. v. m.*

570 Histoire des Révolutions de France par M. de la Hode. *La Haye.* 1738. *in* 4. *v. m.*

Histoire particuliere de France.

571 Mémoires de Philippe de Commine par M. Godefroi. *Bruxelles.* 1723. 5 *vol. in* 8. *v. m.*

572 Histoire de Louis XI par M. Duclos. *Paris.* 1745. 3 *vol. in-*12. *v. m.*

573 Histoire du Regne de Louis XI par Mlle. de Lussan. *Paris.* 1755. 6 *vol. in-*12. *v. m.*

574 Vie du Cardinal d'Amboise par Louis le Gendre. *Rouen.* 1724. *in* 4. *G. P. v. m.*

575 Anecdotes de la Cour de François I. par Mlle. de Lussan. *Paris.* 1748. 3 *vol. in-*12. *

576 Mémoires de Condé, servant d'éclaircissement & de preuve à l'Histoire de M. de Thou; avec un Supplément qui contient la Légende du Cardinal de Lorraine, celle de D. Cl. de Guise, & le procès de J. Chastel. *Lond. (Paris.)* 1743. 6 *vol. in* 4. *G. P...* L'on a joint à cet Exemplaire le Procès de R. Fr. Damiens. *Par.* 1757. *G. P. ce qui fait* 7 *vol. in* 4.

Il n'y a eu que 12 *Exemplaires tirés sur du grand papier double, celui qui se trouve ici est en blanc, & est peut-être l'unique, il est très-bien conservé.*

577 Pieces originales & procédures du Procès fait à R. Fr. Damiens. *Par.* 1757. 4 *vol. in-*12. *v. m.*

578. Mémoires de l'Etat de France fous Charles IX. *Meidelbourg.* 1576. 3 *vol. in* 8. *v. b.*

579 Mémoires de M. Brantome. *La Haye.* 1740. 15 *vol. in-*12. *v. b.*

580 Journal de Henri III. *Colog.* 1720. 4 *Parties en* 2 *vol. in* 8. *fig. v. b.*

581 Defcription de l'Ifle des Hermaphrodites, pour fervir de Supplément au Journal de Henri III. *Colog.* 1724. *in* 8. *v. m. double. v. f.*

582 Sermons de la fimulée converfion de Henri de Bourbon, par M. Jean Boucher. *Paris.* 1594. *in* 8. *v. b.*

583 Satyre Menipée. *Ratisbonne.* 1677. *in-*12. *v. m.*

583 * Le même. 1726. 3 *vol. in* 8. *fig. v. b.*

584 Hiftoire Univerfelle de Jacques-Augufte de Thou. *Londres.* (*Paris.*) 1734. 16 *vol. in* 4. * *doub. Hollande.* 11 *vol. in* 4. *en blanc.*

585 Mémoires pour fervir à l'Hift. de France depuis 1515 jufqu'en 1611, par P. de Letoile. *Par.* 1719. 2 *vol. in* 8. *fig. v. f.*

586 Journal de Henri I V par le même, avec des Remarques Hiftoriques & Politiques par M. l'Abbé Langlet. *La Haye.* (*Paris.*) 1741. 4 *vol. in* 8. *v. m.*

586 * Le même 1732. 4 *tom. en* 2 *vol. in-*8. *v. b.*

587 Hiftoire du Roi Henri le Grand compofée par Hardouin de Perefixe. *Amft. Louis & Daniel Elzevier.* 1661. 2 *vol. in-*16. *

588 Mémoires de la Reine Marguerite. *Bruxelles.* 1659. *in* 16. *m. r.*

589 Mémoires de Marguerite de Valois. *La Haye.* (*Rouen.*) 1715. 2 *vol. in* 12. *v. b.*

589 * Les mêmes. *Paris.* 1745. 2 *vol. in* 12. *v. m.*

590.

590 Hiſtoire de la mere & du fils, par François-
Eudes de Mezeray. *Amſt.* (*Rouen.*) 1730. 2
vol. in 12. *v. b.*

591 Vie du Cardinal de Richelieu. *Colog.* 1696.
in 12. *v. b.*

592 Mémoires de M. D. L. R. *Cologne.* 1682.
in 12. *v. b.*

593 Recueil des Teſtamens politiques du Cardi-
nal de Richelieu, du Duc de Lorraine, de M.
Colbert & de M. de Louvois. *Amſt.* (*Paris.*)
1749. 4 *vol. in* 12. *

594 Mémoires de Montreſor. *Cologne.* 1723. 2.
vol. in 12. *v. b.*

595 Hiſtoire de Louis XIII par M. le Vaſſor. *Amſt.*
1701. 17 *vol. in* 12. *v. b.*

596 Mémoires pour ſervir à l'Hiſtoire d'Anne
d'Autriche, par Madame de Motteville. *Amſt.*
(*Paris.*) 1739. 6 *vol. in* 12. *

597 Mémoires Hiſtoriques, Politiques, Criti-
ques & Littéraires, par M. Amelot de la Houſ-
faie. *Amſt.* 1731. 2. *vol. in* 12. *v. b.*

598 Mémoires du Cardinal de Retz & de Joly.
Amſt. 1731. 6 *vol. in* 12. *v. b.*

599 La Vie de Madame la Ducheſſe de Longue-
ville. *Paris.* 1738. 2 *tom. en* 1. *vol. in* 12. *v. b.*

600 Mémoires du ſieur de Pontis. *Paris.* 1715. 2
vol. in 12. *v. b.*

601 Mémoires du Comte de Brienne. *Amſterd.*
1719. 3 *vol. in* 12. *v.*

602 Mémoires du Maréchal de Grammont. *Paris.*
1716. 2 *vol. in* 12. *v. b.*

603 Les Mémoires de M. Roger de Rabutin
Comte de Buſſy. *Paris.* 1696. 3 *vol. in-*12. *v. b.*

604 Mémoires de Mademoiſelle de Montpenſier.
Anvers, (*Paris.*) 1730. 7 *vol. in-*12. *v. b.*

605 Les mêmes. *Amsterd.* 1735. 8 *tom. en* 4 *vol. in-*12. *

606 Histoire du Vicomte de Turenne par de Ramsay. *Paris.* 1735. 2 *vol. in* 4. *fig.* G. P.

607 Mémoires Historiques contenant ce qui s'est passé tant sur terre que sur mer, depuis 1672 jusqu'en 1679. par M. D. *Paris.* 1693. 2 *vol. in-*12. *v. b.*

608 Mémoires de Gaspard Comte de Chavagnac. *Amst.* 1700. *in-*12. *v. b.*

609 Mémoires du Comte de Rochefort. *La Haye.* 1691. *in* 12. *v. b.*

610 Le Tableau de la Vie & du Gouvernement de Messieurs les Cardinaux Richelieu, Mazarin & Colbert, &c. *Colog.* 1693. *in* 8. *v. b.*

611 Mémoires de la minorité de Louis XIV. *Amst.* 1723. 2 *vol. in* 12. *v. b.*

612 Mémoires de la Colonie. *Brux. (Paris.)* 1738. 2 *vol. in* 12. *v. m.*

613 Mémoires du Marquis de Langallery. *La Haye.* 1743. *in* 12. *v. m.*

614 Mémoires de la Régence de Mgr. le Duc d'Orleans. *La Haye. (Rouen.)* 1730. 2 *vol. in* 12. *v. b.*

615 Histoire du Système des Finances sous la Minorité de Louis XV, pendant les années 1719 & 1720, précédée d'un Abregé de la Vie du Duc Régent, & du Sr. Law. *La Haye.* 1739. 6 *tom. en* 3 *vol. in* 12. *v. m.*

616 Histoire de Louis XIV, par Bruzen de la Martiniere. *La Haye.* 1740. 5 *vol. in* 4. G. P. *

617 Médailles sur les Principaux Evénemens du Regne de Louis XIV, avec des Explications historiques & la Préface imprimée. *Par. Imp. Royale.* 1702. *in fol.*

618 La Vie de Philippe d'Orléans. *Lond.* 1736. 2 *vol. in* 12. *v. f.*

619 Mémoires & Lettres de Me. de Maintenon, par M. de la Baumelle. *Amst.* 1755. 15 *vol. in* 12. *

620 Les Avantures de Pomponius, Chevalier Romain. *Rome.* 1728. *in* 12. *v. f.*

621 Le Berceau de la France. *La Haye.* (*Paris.*) 1744. *in* 12. *v. m.*

622 Mémoires du Chevalier de Ravannes. *Lond.* 1751. 3 *vol. in* 12. *

623 Mémoires de M. l'Abbé de Montgon. *Par.* 1750. 9 *tom. en* 10 *vol. in* 12. *

624 Mémoires du Duc de Villars. *La Haye* 1736. 3 *vol. in* 12. *v. m.*

625 Mémoires historiques & critiques sur divers Points de l'Histoire de France , &c. par Fr. Eudes de Mezeray. *Amst.* 1753. 2 *vol. in* 12. *

626 Traité Historique des Monnoies de France, depuis le commencement de la Monarchie jusqu'à présent , par M. le Blanc. *Paris.* 1690.
. . . Dissertation Historique sur quelques Monnoies de Charlemagne, Louis-le-Débonnaire, Lothaire , & de leurs Successeurs , frappées dans Rome. *Paris.* 1688. 2 *vol. in* 4. *fig. v. b.*

627 Le Ceremonial François, par Théodore Godefroy , mis au jour par Denis Godefroy. *Par.* 1649. 2 *vol. fol v. b.*

628 Etat de la France, par M. de Boulainvilliers. *Lond.* (*Paris.*) 1752. 8 *vol. in* 12. *

Histoire d'Allemagne.

629 Histoire Générale d'Allemagne , par le P. Barre. *Par.* 1748. 10 *tom. en* 11 *vol. in* 4. *fig.*

630 Les Mémoires du Comte de Vordac. *Paris.* 1730. 2 *vol. in* 12. *v. b.*

631 Hiſtoire & Regne de Charles VI, par Mademoiſ. de Luſſan. *Paris.* 1753. 9 *vol. in* 12.
632 Hiſtoire du Prince Eugene de Savoye. *Amſt.* 1740. 5 *vol. in* 8. *
633 Hiſtoire de Maurice Comte de Saxe. *Paris.* 1752. 3 *vol. in* 12. *v. m.*
634 Mémoires des Expéditions Militaires qui ſe ſont faites en Allemagne, en Hollande & ailleurs, depuis le Traité d'Aix la Chapelle juſqu'à celui de Nimegue. *Paris.* 1734. 2 *vol. in* 12. *v. b.*

Hiſtoire de la Suiſſe, des Pays-Bas, des Provinces - Unies, d'Angleterre & d'Eſpagne, &c.

636 Les Délices de la Suiſſe, par M. Gottlieb Kypſeler. *Leyde.* 1714. 4 *vol. in* 12. *fig. v. b.*
637 Les Délices des Pays - Bas. *Brux.* 1743. 4 *vol. in* 8. *fig.*
638 Mémoires de ce qui s'eſt paſſé dans la Chrétienté, par M. le Chevalier Temple. *La Haye.* (*Paris.*) 1693. *in* 12. *v. f.*
639 La Religion des Hollandois, par Stoupe. *Paris.* 1673. *in* 12. *v. b.*
640 La Véritable Religion des Hollandois, par Jean Brun. *Amſt.* 1675. *in* 12.
641 Les Délices de la Grande-Bretagne & de l'Irlande, par James Beeverell. *Leyde.* 1707. 8 *tom. en* 9 *vol. in* 8. *fig. v. m.*
642 Hiſtoire d'Angleterre, par de Rapin Thoyras. *La Haye.* 1727. 13 *vol. in* 4. *v. m.*
643 La Vie d'Elizabeth, Reine d'Angleterre, trad. de l'Italien de Gregorio Leti. *Amſterdam.* (*Rouen.*) 1694. 2 *vol. in* 12. *v. f.*

644 La Vie d'Olivier Cromwel , par le même.
Amst. 1703. 2 *vol. in* 12. *v. b.*

645 Histoire de la Rébellion & des Guerres Ci-
viles d'Angleterre , par Edouard de Claren-
don. *La Haye.* 1704. 6 *vol. in* 12. *v. m.*

646 Histoire de Marie Stuart , Reine d'Ecosse &
de France. *Lond.* (*Paris.*) 1743. 2 *vol. in* 12.

647 Histoire Navale d'Angleterre , depuis la
Conquête des Normands en 1606 , jusqu'à la
fin de l'année 1734, trad. de l'Anglois de Th.
Lediar. *Lyon.* 1751. 3 *vol. in* 4. *v. m.*

648 Les Délices de l'Espagne & du Portugal ,
par Don Juan Alvares de Colmenar. *Leyde.*
1707. 5 *tom. en* 4 *vol. in* 8. *fig. vel.*

649 Histoire Générale d'Espagne, de Mariana ,
trad. en Franç. avec des Notes du P. Charen-
ton , de la Compagnie de Jesus. *Paris.* 1725.
6 *vol. in* 4. *G. P.*

650 Histoire du Ministere du Cardinal de Xi-
menes , par Marsolier. *Paris.* 1704. *in* 12. *v. b.*

651 Anecdotes de la Cour de Philippe Auguste ,
par Mademoif. de Lussan. *Paris.* 1733. 6 *vol.*
in 12. *v. f.*

652 Révolutions de Portugal , par M. l'Abbé
de Vertot. *Paris.* 1730. *in* 12. *v. b.*

653 Histoire des Révolutions de Suéde , par le
même. *Paris.* 1730. 2 *vol. in* 12. *v. b.*

654 Histoire des Révolutions de Hongrie. *La*
Haye. 1739. *in* 4. *v. b.*

655 Histoire de Pierre le Grand. *Amst.* 1742.
in 4. *fig. v. m.*

655 * Le même. 1742. 3 *vol. in* 12. *

Histoire des Monarchies hors de l'Europe.

656 Mœurs & Usages des Turcs, par M. Guer. *Paris.* 1746. 2 *vol. in-*4. *fig. G. P.*

657 Histoire des Revolutions de Perse. *Paris.* 1742. 2 *vol. in* 12. *v. m.*

658 Histoire de Thamas Koulikan. *Paris* 1742. *in-*12. *v. b.*

659 Histoire du Christianisme d'Ethiopie & d'Arménie, par M. La Croze. *La Haye.* 1739. *in-*12. *v. b. double.*

660 Histoire des Indes Orientales anciennes & modernes, par M. l'Abbé Guyon. *Paris.* 1744. 3 *vol. in* 12. *v. b.*

661 Histoire de la Conquête du Mexique par Fernand Cortes, trad. de l'Esp. de Don Antonio de Solis. *Paris.* 1730. 2 *vol. in* 12. *fig. v. b.*

662 Histoire de la Conquête de la Floride, trad. de l'Esp. en Franç. par Pierre Richelet. *Leide.* 1731. *in* 8. *fig. v. b.*

663 Histoire de la Conquête du Pérou, trad. de l'Espagnol d'Aug. de Zarate, Par S. D. C. *Paris.* 1716. 2 *vol. in* 12. *fig. v. b.*

664 Histoire des Incas du Perou. *Paris.* 1744. 2 *vol. in* 8. *fig.*

665 Histoire des Guerres civiles des Espagnols dans les Indes, trad. de l'Espagn. par J. Baudouin. *Amst.* 1706. 2 *vol. in* 12. *v. m.*

666 Histoire de S. Domingue, par le P. de Charlevoix. *Paris.* 1730. 2 *vol. in* 4. *fig. broch.*

667 Nouvelle découverte d'un très-grand Pays situé dans l'Amérique ; par le R. P. Louis Henpin. *Amst.* 1698. *in* 12. *fig. v. b.*

668 Mœurs des Sauvages ; par le P. Lafitau. *Paris.* 1724. 4 *vol. in* 12. *fig. v. b.*

Histoire Généalogique.

669 Tablettes Historiques, Généalogiques & Chronologiques; par M. de Nantigny. *Paris. 1749 & suiv. 6 vol. in 16.* *

670 Histoire Généalogique de la Maison de Gondy, par M. de Corbinelli. *Paris. 1705. 2 vol. in 4. fig. G. P. v. b.*

Antiquités, Médailles & Monnoies.

671 La Science des Médailles antiques & modernes. *Paris. 1715. 2 tom. en 1 vol. in 12. fig.*

672 Discours sur les Médailles & Gravures antiques, principalement Romaines, par Ant. le Pois. *Paris. Mam. Patisson, 1559. in 4. vol.* avec la fig. du P. page 147.... Dans le même, Discorsi d'Ant. Agostini Sopra la Medaglie, tradotti dalla Lingua Spagnuola. *fig.*

673 Recherches Curieuses des Monnoies de France, par Cl. Bouteroue. *Paris. Martin. 1666. in fol. fig. G. P.* *

674 Traité Historique des Monnoies de France, avec la Differtation, par le Blanc. *Amst. 1692. in 4. fig.*

675 Traité des Monnoies, par H. Poullain. *Paris. 1709. in 12.*

676 Mémoires pour servir à l'Histoire de la Fête des Foux, par M. du Tilliot. *Lausanne. 1751. in 8. fig. v. m.*

Histoire Littéraire.

677 Transactions Philosophiques de la Société Royale de Londres, trad. par M. de Bremond. *Paris. 1741. 4 vol. in 4. fig.*

678 Mémoires Secrets de la République des Let-

tres, par le Marq. d'Argens. *La Haye.* 1743.
6 *vol. in* 12. *

679 Dictionnaire des Livres Janséniftes. *Anvers.*
(*Lyon*) 1756. 4 *vol. in* 12. *v. m.*

680 Les Vies des Hommes illuftres de la France,
par M. d'Auvigny. *Paris.* 1739. *& fuiv.* 20 *vol.*
in 12. *

681 La Vie & les Sentimens de Lucilio Vanini.
Rotterd. 1717. *in* 12. *v. m.*

682 Entretiens fur les Vies des Peintres & des
Architectes, par M. Felibien. *Paris.* 1696. 3
vol. in 4. *v. m.*

683 Le même. *Lond.* 1705. 5 *vol. in* 12. *vel.*

684 Hiftoire Abrégée des plus fameux Peintres,
Sculpteurs & Architectes Efpagnols, trad. de
l'Efp. de D. Ant. Palamino Velafco. *Paris.*
1749. *in* 12. *v. m.*

Dictionnaires Hiftoriques.

685 Dictionnaire Hiftorique, par M. Louis Mo-
rery. *Paris.* 1725 *& fuiv.* 8 *vol. in fol.*

686 Le même. *Paris.* 1732. *& fuiv.* 10 *vol. fol.* *

687 Dictionnaire Hiftorique Portatif. Par M.
l'Abbé Ladvocat. *Paris.* 1752. 2 *vol. in* 8. *

688 Dictionnaire Hiftorique & Critique, par M.
Bayle. *Rotterd.* 1720. 4 *vol. in fol. v. b.*

689 Nouveau Dictionnaire Hiftorique & Criti-
que, pour fervir de Supplément au Diction-
naire de Bayle; par de Chaufepie. *Amft.* 1750.
4 *vol. in fol. v. b.*

690 Analyfe raifonée de M. B. *Lond.* 1755. 4
vol. in 12.

FIN.

SUPPLEMENT AU CATALOGUE.

692 GUIL. Ader de Ægrotis & morbis in Evangelio. *Tolosæ.* 1621. *in-8.*

693 L'Eloquence Chrétienne dans l'idée & la pratique, par le P. B. Gisbert. *Lyon.* 715. *in-4.*

694 Philosophiæ Hæresium obex, autore Ch. Got. Joechero. *Lipsiæ.* 1732. *in-4.*

695 Lucii Antistii (B. Spinosa.) de Jure Ecclesiasticorum, Liber singularis. *Alethop.* 1665. *in-8.*

696 Histoire de la Religion des Eglises Réformées, par M. Basnage. *Rott.* 1690. 2 *vol. in-8.*

697 Le Brigandage de la Médecine. *Utrecht.* 1732. 3 *vol. in* 12.

698 Traité de l'art Métalique, extrait des Œuvres d'Al. Alph. Barba, par Hantin de Villars de Rodes. *Paris.* 1730. *in-12. fig.*

699 Bibliotheque des Philosophes Chimiques, par J. M. D. R. *Paris.* 1741. 3 *vol. in-12. fig.*

700 L'Odissée d'Homere, trad. en Franç. avec des Remarques, par Mad. Dacier. *Paris. Rigaud.* 1716. 3 *vol. in-12.*

701 Traité général du style, avec un Traité du style Epistolaire. *Amst.* 1751. *in-8.*

702 Apologie pour Herodote, avec des Remarques par le Duchat. *La Haye.* 1735. 3 *vol. in-8.*

703 Recueil d'Estampes gravées d'après les plus beaux Tableaux & les plus beaux Desseins qui sont en France, divisé suivant les différentes Ecoles ; avec un Abrégé de la vie des Peintres, & une description historique de chaque Tableaux : par les soins de M. Crozat. *Paris. Imprim. Royale.* 1729. 2 *vol. in-fol. grandeur d'Atlas. v. m.*

H

704 Le Mercure de France depuis 1717 jufqu'en 1755. *Paris.* 230 *vol. in-12.* *

705 Œuvres Diverfes de Pierre Bayle. *La Haye.* 1727. 4 *vol. in-fol G. P. en blanc.*

706 Difcours fur l'Hiftoire Univerfelle , par M. Boffuet , avec la fuite & les Cartes. *Amfterd.* 1717. 3 *vol. in-12. fig.*

707 Hiftoire des Juifs , par Prideaux , trad. de l'Angl. *Amft.* 1728. 6 *vol. in-12. fig.*

708 Sermons du P. Bourdaloue. *Amfterd.* 1734. 14 *vol. in-12. v. m.*

709 Idée du Cabinet du Roi pour les Médailles. Par I. N. Godonnefche. *in-16. maroquin cit. à compartiment.*

Ce petit Volume eft manufcrit fur velin très-joliment écrit , avec des cadres en or autour de chaque page , de petites vignettes peintes en miniature ; une Avertiffement qui donne une idée de cet Ouvrage , enfuite fe trouve les Têtes des Douze Cefars deffinées au crayon ; le portrait de Louis XV, & douze Pierres antiques du Cabinet du Roi peintes en miniature dans leurs couleurs naturelles.

710 Splendoris magnificentiffime urbis Venetiarum Clariffimi , è figuris elegantiffimis & accurata defcriptione eminantis. *Lugd. Batav. Vander A A.* 2 *vol. in-fol.* *

Idem. L'Italie illuftrée, en 135 fig. en tail. douce, deffinées & gravées par les plus fameux Grav. des Pays Bas ; avec l'explication en Italien, François & Latin. *in-fol.* *

Idem. Vûes des Palais, Bâtimens célébres, Places, Mafcarades , & autres beautés fingulieres de la Ville de Venife , repréfentées en 115 fig. en taille-douce , *in-fol.* *

F I N.

TABLE

ALPHABETIQUE

D E S Noms des Auteurs & des Ouvrages fans noms d'Auteurs, contenus dans le Catalogue de M. M***

du